Bill Viola

Carlos Vara Sánchez

BILL VIOLA
Estética del tiempo y la emoción

casimiro

Índice

AGRADECIMIENTOS

El germen de este libro es la tesis doctoral que defendí en mayo de 2016 en el departamento de Humanidades de la Universitat Pompeu Fabra de Barcelona y los artículos académicos que surgieron durante aquel periodo. Sin embargo, la menor extensión del presente texto no ha de llevar a engaño. Estas páginas son una versión depurada, pulida y –al menos esa es mi intención– mejorada de lo que se podía encontrar en aquellas páginas. A aquellas ideas iniciales desarrolladas bajo la supervisión de Amador Vega se han incorporado, durante la escritura de este volumen, algunas de las numerosas y extremadamente útiles recomendaciones que, en calidad de miembro del tribunal de tesis, me hiciera llegar Fernando Castro Flórez. Esta publicación también recoge resultados del trabajo filosófico que he ido desarrollando posteriormente. Primero, entre 2018 y 2021 como becario postdoctoral Marie Sklodowska-Curie en la Universidad Ca' Foscari de Venecia y, desde 2022, gozando de otra beca Marie Sklodowska-Curie en la Universidad Complutense de Madrid.[1] Sin dicha financiación, ni mis proyectos ni tantos otros llevados a cabo por investigadores que, como yo, centran su trabajo en temas que no están alineados con la monetización y el algoritmo serían posibles. Dado que dichos fondos salen de los bolsillos de los ciudadanos de la Unión Europea, desde aquí mi agradecimiento a todos los que pagan impuestos y a los que defienden una idea de Europa arraigada en la cultura y los derechos sociales.

Quiero también expresar mi gratitud hacia Francisco Ochoa, editor de Casimiro, por su apoyo durante el largo proceso de creación de este libro. Su paciencia durante los algo más de dos años que han pasado desde que

---

1. Esta publicación es el resultado de un proyecto que ha recibido financiación del programa de la Unión Europea a través del programa de investigación e innovación Horizonte 2020 bajo el proyecto Marie Sklodowska-Curie n.º 847635. Este texto refleja sólo la visión del autor y la Agencia Ejecutiva Europea de Investigación no es responsable de cualquier uso que pueda ser hecho de la información en él presente.

le escribiera para proponerle esta publicación han permitido que el texto creciera, respirara y encontrara su forma final.

La motivación para escribir sobre Bill Viola, sin embargo, se remonta mucho más atrás en el tiempo; concretamente al verano de 1993. En aquel entonces, mis padres me llevaron por primera a Madrid y con ellos visité el Centro de Arte Reina Sofía que hospedaba sendas exposiciones de Robert Ryman y de Bill Viola. Por múltiples motivos, la tarde que pasamos en el museo me dejó una huella indeleble. De un lado, las video instalaciones de Viola me fascinaron, como fascinan las cosas a un niño de diez años. Por ello, muchos años después, cuando surgió la posibilidad de hacer una tesis sobre ellas, rápidamente la acepté. Pero lo que viví ese mismo día habría de marcar un interés a largo plazo no tanto por las obras de arte, sino por lo que ocurre cuando estamos ante ellas. De aquel día, lo que más me llamó más la atención fue ser testigo de cómo el mismo lienzo –un Rothko, si mi memoria no me traiciona– dejaba indiferente a una persona y a otra le hacía llorar de emoción. Esa diferencia en la reacción ante un mismo objeto me causó una incomprensión que, muchos años después, se convertiría en la pregunta que articula gran parte de mi trabajo: ¿cómo nos causa emociones el arte? A día de hoy, sigo sin tener una respuesta para ese interrogante. Y me alegro de que así sea. Pero lo que sí que tengo es un agradecimiento infinito para con la persona que sembró en mí dicha cuestión y que más me ha animado a que la explorara: mi madre. Ella, desde que me enseñara a reconocer los colores, me animara a embadurnar papeles –pese a las inequívocas pruebas de que no había heredado su talento artístico–, hasta su presente insistencia en leer todos esos textos con los que intento poner en orden lo que pienso, ha ido contribuyendo a hacer posible que los ecos de una tarde de verano en Madrid se hayan convertido en el trabajo al que dedico mi vida. A ella, está dedicado este libro.

INTRODUCCIÓN

Este libro presenta un análisis de la obra del video artista norteamericano Bill Viola y del impacto potencial de la misma en los espectadores a partir de una discusión esencialmente articulada alrededor de cuatro de sus video instalaciones:[2] *Passage, The Greeting, Nantes Triptych* y *Room for St. John of the Cross.*
Entre quienes han estudiado y discutido la producción artística de Viola se argumenta que el hecho diferencial de su arte es una voluntad de "hacer que nos experimentemos a nosotros mismos como un proceso temporal" (Kuspit 1987: 80), ofrecernos "el tiempo de un modo que nos permita sentirlo afectivamente" (Barker 2012: 86) o utilizar "la tecnología

---

2. El concepto de video instalación que he adoptado en este libro bebe de los trabajos de Eleanor Heartney, quien establece una distinción entre los llamados videos monocanal (*single-screen tapes*) y las video instalaciones:
   > Mientras que el videoarte, en su fase más temprana, solía consistir en una grabación en video monocanal, el campo se ha expandido durante las últimas cuatro décadas hasta englobar elaboradas instalaciones. Así se han incorporado proyecciones en grandes pantallas, muros de monitores coordinados mediante ordenadores, emplazamientos de marcado carácter teatral, y, recientemente, incluso las más modernas tecnologías interactivas (2002: 15).

   Otros teóricos como Hal Foster, las relacionan con la fijeza de la pintura y la temporalidad del cine narrativo (2006: 656). Asumiendo la falta de consenso, considero que el elemento diferencial del género de las video instalaciones es la confluencia de varias o todas de las siguientes características: uso de una temporalidad compleja, gran importancia de la especialidad, cuestionamiento de la relación sujeto-objeto y existencia de múltiples canales sensoriales de impacto estético.

9

multimedia para catalizar una experiencia temporal y luminosa que ofrece un sentimiento de asombro y maravilla que no captamos en la experiencia cotidiana" (Yoon 2010: 93-94). El tema principal de Viola sería la indagación en el vínculo entre tiempo y emoción. Dos particularidades de que lo separan de otros artistas contemporáneos que exploran lo temporal[3] son su énfasis en lo espiritual y el hecho de que no reniega de los lenguajes artísticos precedentes.

El primer aspecto no será un tema sobre el que me detendré, pues ya ha sido específicamente tratado en numerosas ocasiones.[4] Sobre el segundo, cabe decir que Viola no ve diferencias fundamentales entre el trabajo de un pintor o un fotógrafo y el de alguien que lo hace con el video. Cambian los medios, no el fin. En base a esto afirma que "el verdadero lugar en el que existe la obra no es la pantalla o entre las paredes de la sala, sino en la mente y el corazón de la persona que la ha visto" (1995: 252). Sus obras, argumenta Viola, exploran cuestiones similares a aquellas con las que lidiaron los artistas renacentistas o barrocos, sólo que cada uno hace uso de la tecnología propia de su época (1995: 152). Y, en el caso de Viola, esta tecnología es la de la imagen en movimiento. La imagen en movimiento típica del video o del cine, no obstante, es particularmente capaz de condicionar la experiencia del tiempo. Este punto de vista lo resume Viola en una frase que engloba su credo artístico: "Si la luz es la materia básica del

---

3. El capítulo undécimo "Tomarse un tiempo…" del libro de Terry Smith *¿Qué es el arte contemporáneo?* (2012) es un punto de partida para aproximarse a los artistas de las últimas décadas que han usado el tiempo como objeto de investigación. Para una lectura más profunda, algunos libros de especial relevancia son: *Chronology* (Birnbaum 2005); *Time and the Digital - Connecting Technology, aesthetics, and a Process Philosophy of Time* (Barker 2012); *The Past is the Present: It's the Future Too - The Temporal Turn in Contemporary Art* (Ross 2014).

4. Algunos de los ensayos contenidos en *The Art of Bill Viola* (Townsend 2004) desarrollan la relación entre misticismo y espiritualidad en la obra de Bill Viola. *Spirituality in Contemporary Art - The Idea of the Numinous* (Yoon 2010) discute temas similares en la obra de Viola y otros artistas como Damien Hirtst, Nam June Paik o Chris Ofili. En mi caso, he empleado esta perspectiva en otros textos precedentes (Vara Sánchez 2015b; 2016).

pintor o del fotógrafo, entonces la duración es la materia prima de las artes temporales del cine y del video. La duración es a la conciencia como la luz es al ojo" (Viola 1995: 173). El significado de esta última frase será discutido posteriormente; por el momento, basta apuntar que Viola no tiene ningún interés en lo temporal entendido como fenómeno abstracto, sino en las posibilidades que ofrece una contemplación prolongada, incluso de sucesos que consideramos habituales, a la hora de permitirnos comprender los procesos que nos conectan con el mundo y con aquellos con quienes compartimos nuestra existencia: "Tomar conciencia del tiempo te introduce en un mundo de procesos, de imágenes en movimiento que encarnan el movimiento de la conciencia" (1995: 173). La obra de arte como vía de autoconocimiento o de autoexploración.

La estructura y mecanismos de la conciencia del tiempo –o temporalidad– es uno de los grandes focos de la filosofía occidental contemporánea. Pensadores como Henri Bergson, Edmund Husserl, Martin Heidegger, Gilles Deleuze o John Dewey han abordado este problema desde distintas ópticas y con diversos objetivos. En las últimas décadas, a raíz de un renovado interés en recuperar el papel del cuerpo en la experiencia del mundo, han surgido investigaciones como las de Francisco Varela, centradas en estudiar el vínculo entre la conciencia del tiempo y las emocio-

---

5. En este libro, a menudo, emplearé el término afectividad. Con él hago referencia no sólo a las emociones, sino a otros fenómenos relacionados que se extienden mucho más en el tiempo, como los estados de ánimo o las disposiciones afectivas. En ello sigo las ideas de Giovanna Colombetti expuestas en *The Feeling Body: Affective Science Meets the Enactive Mind* (2014). Para Colombetti, el ser humano es siempre y necesariamente un ser que muestra una disposición afectiva hacia el mundo. En sus propias palabras, una "falta de indiferencia, más bien una sensibilidad o interés por la propia existencia" (2014: 5). La filósofa italiana explica la relación entre estados de ánimo y emociones como análoga a la de zonas climáticas y tiempo atmosférico:

   Una zona climática (tropical, continental húmeda, mediterránea) es un sistema complejo caracterizado por condiciones específicas (temperatura media, niveles de lluvia, humedad) que permanece estable a lo largo del tiempo. Las diferentes zonas climáticas presentan distintas condiciones atmosféricas, es decir, transitorias manifestaciones de condiciones específicas. Las zonas climáticas son más duraderas y

nes y demás dinámicas afectivas.[5] En las siguientes páginas, recurriré a aspectos de estas y otras teorías con el fin de obtener claves que arrojen luz sobre algunos de los procesos detrás de las experiencias que ofrecen las obras de Viola. Estableceré un diálogo entre arte temporal y filosofía del tiempo para aproximarme a la relación entre experiencia estética y experiencia del tiempo.

Aún en esta introducción, antes de adentrarme en el análisis propiamente dicho, mencionaré algunos hitos relevantes del proceso formativo de Viola y abordaré brevemente la relación entre la filosofía de Bergson y la visión artística general de Viola. Será después cuando pase a discutir específicamente algunas obras de Viola y las particularidades de la experiencia que ofrecen. Cada uno de los cuatro capítulos de los que consta el libro se construirá alrededor de una video instalación en concreto, partiendo de una narración de lo que, a primera vista, ofrecen dichas obras al visitante. Estas breves introducciones beben, sobre todo, de mi experiencia personal ante las obras de Viola, pero también reflejan los elementos fundamentales que según críticos, historiadores y teóricos del arte caracterizan a cada una de ellas. Posteriormente, detallaré algunas posibles consecuencias de los aspectos formales más relevantes de cada obra sobre la experiencia del espectador a partir de teorías pertinentes de la filosofía contemporánea y publicaciones que analizan las obras de Viola y las de artistas relacionados.

> dictan las condiciones de posibilidad de los patrones de tiempo atmosférico. En otras palabras, algunos fenómenos atmosféricos solo son posibles dentro de ciertas zonas climáticas e imposibles en otras (los ciclones tropicales tienen lugar en regiones tropicales y no en desiertos) [...] Del mismo modo, podemos concebir los estados de ánimo como determinando las condiciones de posibilidad de ciertas emociones. Algunos tipos de emociones, típicamente, solo tienen lugar dentro del contexto general de ciertos estados de ánimo y no en otros (un brote de entusiasmo normalmente ocurre cuando alguien se siente animado y no cuando uno está de un humor gruñón). Por otra parte, la reiteración de ciertos episodios de emociones puede llevar a un humor distinto, particularmente cuando esto coincide con cambios en el ambiente del organismo. Por ejemplo, episodios repetidos de tristeza y decepción pueden causar un estado de ánimo depresivo (2014: 78-79).

En el primer capítulo abordaré *Passage*, una video instalación de 1987 que presenta un flujo audiovisual entrecortado observable desde un espacio angosto. Estas circunstancias obligan al espectador a inscribirse en los huecos de la narración y a completar los hiatos temporales desde una perspectiva precaria e incompleta. La discusión filosófica de la imagen-cristal y de la noción de intersticio desarrollada por Deleuze en sus estudios sobre el cine serán el principal marco teórico de la discusión. A continuación, pasaré a *The Greeting*. Esta obra de 1995 inaugura un procedimiento técnico que se ha convertido en el elemento más reconocible de las obras actuales de Viola: grabaciones guionizadas cuidadamente producidas, a menudo inspiradas en obras clásicas de la tradición artística occidental, que mediante un ritmo lento y fluido magnifican la evolución de las emociones encerradas en los gestos y movimientos de los protagonistas de las obras. La experiencia del tiempo que provoca esta estrategia será discutida en relación al concepto de saturación kairológica desarrollado por Giorgio Agamben y las tesis sobre la estructura tripartita de la conciencia temporal desarrolladas por Husserl. La siguiente obra sometida a análisis será *Nantes Triptych*. Dicha video instalación, presentada en 1992, combina grabaciones documentales y guionizadas sobre el nacimiento, la muerte y la existencia. El énfasis de Viola en los eventos iniciales y finales de la vida, así como algunas declaraciones suyas, abren la obra a una lectura desde el concepto desarrollado por Heidegger de 'estar vuelto hacia la muerte' y a otros aspectos de su filosofía de la existencia. Para concluir, *Room for Saint John of the Cross*. Esta video instalación de 1983 es una obra en la que lo espacial y lo temporal se entrecruzan a múltiples niveles para mostrar la capacidad de la conciencia humana de elevarse desde lo cotidiano hacia la duración atemporal a partir de la figura de San Juan de la Cruz. Los conceptos de experiencia y ritmo, tal como los entiende Dewey, así como la noción de presente vivo desarrollada por Maurice Merleau-Ponty, armarán el marco conceptual desde el que abordaré la obra.

Las cuatro obras seleccionadas se aproximan desde perspectivas complementarias a lo que, como hemos visto, es el gran tema de la obra de Viola: la relación entre tiempo y afectividad. Creo que una discusión de las estrategias principales que operan en cada una ellas nos permitirá trazar las coordenadas fundamentales de la propuesta artística de Viola, abarcando no solo las obras mencionadas, sino otras muchas, incluyendo algunas de sus propuestas más recientes y conocidas. Para comprender las obras, al menos en el caso de Viola, resulta esclarecedor conocer algunos hechos de su trayectoria vital y formativa.

UNA BIOGRAFÍA TÉCNICA E INTELECTUAL DE BILL VIOLA

Bill Viola (Nueva York 1951) es un artista contemporáneo ampliamente reconocido, probablemente gracias a una propuesta artística de gran potencia emocional capaz de cautivar la atención de los espectadores. Ha expuesto sus obras en algunos de los museos y eventos artísticos más relevantes del mundo: Guggenheim Museum de Nueva York, Getty Museum de Los Ángeles, National Gallery de Londres, Grand Palais de París, el Centro de Arte Reina Sofía de Madrid y la Bienal de Venecia. Viola estudió Bellas Artes en la universidad estadounidense de Syracuse, en el estado de Nueva York, entre 1969 y 1973, tiempo durante el cual desarrolló un interés por el género incipiente del video arte, a partir de las obras de pioneros como Nam June Paik. Pero más allá de esta formación reglada, Viola se vio influido por los proyectos, viajes y periodos formativos que durante la década de los setenta y los ochenta le llevaron a distintos lugares del mundo.

Poco después de terminar la carrera, Viola comenzó a trabajar en el taller del músico experimental David Tudor, quien a su vez había colaborado con el compositor y teórico musical John Cage. En esa época nace el interés de Viola por la calidad matérica del sonido y por el uso del micrófono como si fuera una cámara capaz de registrar los campos de sonido de cada espacio, en vez elementos aislados. A mediados de los setenta, Viola pasó largos periodos de tiempo en Florencia, donde no sólo puso en práctica su recién adquirido interés por la acústica –llevó a cabo prolongadas grabaciones de sonido en recintos religiosos con el fin de captar el impacto de la arquitectura de esos espacios en los visitantes– sino que también se familiarizó con las grandes obras de la tradición pictórica renacentista toscana, las cuales consideraba como una forma de instalación capaz de provocar una experiencia física y espacial en el individuo (Viola 1995: 241). Si bien algunas de las obras que llevó a cabo en estos primeros años, como *Information* (1973) o la serie de vi-deos *Red Tape* (1975), se caracterizaban por ser análisis de las capacidades físicas del medio del video desarrolladas en formato monocanal, el interés de Viola por el espacio, el sonido y el cuerpo iría eclosionando en obras posteriores que van sacando cada vez más partido a las posibilidades ofrecidas por el formato video instalación. La voluntad de explorar el modo en el que lo espacial constriñe la percepción audiovisual mediante el uso de una o más grabaciones de video es parte esencial de la experiencia de obras que analizaremos en detalle en este libro, pero también de otras video instalaciones significativas como *The Stopping Mind* (1990) o *Slowly Turning Narrative* (1992). Mientras que en la primera recurre a cuatro superficies de proyección que rodean al espectador, desbordando su percepción a través de un flujo audiovisual caótico e impredecible, en la segunda recurre a un panel rotatorio que en una de sus superficies es un espejo, generando un juego de reflejos y perspectivas que afectan la comprensión.

El aspecto físico y espacial de la producción artística de Viola se vio complementado por una apertura hacia una dimensión espiritual y trascendental a raíz de los viajes que, por distintos motivos, a finales de los setenta, le llevaron a lugares como las Islas Salomón, Java, el Himalaya, los desiertos australianos y, ya a inicios de los ochenta, a Japón. En estos destinos se familiarizó con manifestaciones culturales que habrían de calar profundamente en su obra: los sonidos del Gamelán, la pintura Zen o la forma teatral Noh. También desarrolló un interés por los rituales y textos de tradiciones budistas, hinduistas y sufíes, así como por la recepción de los mismos en Occidente, mediada por figuras como las del maestro Zen Daisetsu Teitaro Suzuki o la de Ananda Coomaraswamy. En cierto modo, el conocimiento que Viola adquirió en las tradiciones filosófico místicas orientales, le permitió descubrir los puntos en común con aspectos de la espiritualidad occidental, que hasta ese momento no formaban parte de sus intereses artísticos.

Desde entonces, Viola ha mostrado en sus obras gran interés por místicos de la tradición occidental, tales como san Juan de la Cruz o el Maestro Eckhart, quienes compartían una visión de la divinidad como lo 'radicalmente otro', algo a lo que uno no se puede acercar sino a través de una 'via negativa', hecho que implica reconocer la imposibilidad de alcanzar un conocimiento objetivo y racional de lo divino. Seguir esta vía negativa, para Viola, implica asumir que la base de su tarabajo "se halla en el desconocimiento, en la duda, en estar perdido, en las preguntas y no en las respuestas" (1995: 250). La incorporación de todos estos complejos aspectos y la voluntad de interpelar profundamente a la conciencia del espectador en busca de la raíz espiritual común, se dejan notar ya en videos monocanal de esta época. *Chott el-Djerid (A portrait in Light and Heat)* (1979), intercala grabaciones de desiertos, espejismos y paisajes nevados buscando crear tensiones entre lo real y lo ilusorio. *Hatsu Yume* (1981) reflexiona sobre lo complejo y cíclico de la naturaleza, desmontando los mecanismos habituales de comprensión y percepción del espectador, mediante su larguísima duración de casi una hora, así como por la ralentización a la que somete el flujo audiovisual y las engañosas perspectivas. Otro ejemplo significativo del interés por esta corriente de la mística occidental es la ya mencionada obra *Room for St. John of the Cross*.

A mediados de la década de los noventa, Viola concentró su producción artística en la exploración de lo afectivo en relación al cuerpo y el movimiento. Tras *The Greeting* vinieron obras como *The Quintets* (2000) o *The Passions* (2003), inspiradas por pinturas tardomedievales, renacentistas y barrocas. También ha elaborado video instalaciones basadas en imágenes arquetípicas de gran intensidad estética rayanas con lo sublime –*The Tristan Project* (2005)–.

Viola ha afirmado que el objetivo último que persigue con sus obras es el de provocar ese

momento preciso en el que una chispa de percepción arde en tu desguarnecida mente, cuando todas las piezas se desmoronan a la vez, cuando el patrón es visto o el elemento concreto descubierto… cuando un soplo de claridad abre tu mente y tú 'ves' por primera vez en mucho tiempo, recordando cómo era todo de nuevo, como si hubieras sido súbitamente despertado de un sueño (Viola 1995: 142).

Dicho estado se alcanza a través de una manipulación de los mecanismos implicados en nuestra experiencia afectiva y de la temporalidad. Las obras de Viola como medios para que la conciencia se afecte a sí misma. Video instalaciones en las que lo espacial, lo temporal, lo visual y lo auditivo se integran para ofrecer al espectador experiencias que cuestionan claves de su propia existencia: las emociones que surgen en el contacto con otros seres humanos, la relación entre el nacimiento y la muerte o los límites del cuerpo y la conciencia.

LA DURACIÓN Y LA CONCIENCIA

Uno de los pocos filósofos que Viola cita explícitamente en sus textos es Henri Bergson. Si bien lo hace para referirse al papel de los sentidos en la percepción,[6] existen indicios que sugieren que los conceptos de duración y conciencia desarrollados por el filósofo francés juegan un papel relevante en la experiencia de la temporalidad propuesta por Viola en sus obras. Para ello me baso en la frase del artista, citada en la introducción de este libro, en la que afirma: "la duración es a la conciencia como la luz es al ojo" (1995: 173).

Pese a no haber escrito ninguna obra explícitamente sobre el arte o su experiencia, Bergson ha influido tanto a escritores y artistas como a teóricos del arte e investigadores en el ámbito de la estética. De un lado, está ampliamente documentado el interés que novelistas y poetas como Virginia Woolf o T. S. Eliot mostraron por sus obras y la repercusión de las mismas en su modo de escribir (Taunton 2016; Le Brun 1967). Del mismo modo, ya desde el seminal *Du "Cubisme"*, publicado por Albert Gleizes y Jean Metzinger en 1912, ha quedado atestiguado el interés desde el mundo del arte por la aproximación de Bergson a lo temporal y a su concepto de duración. Más recientemente, la reinterpretación de su filosofía llevada a cabo por Gilles Deleuze ha provocado una renovada atención hacia la obra de Bergson. Según Paul Atkinson, la atracción en estos ámbitos se debe a que "su reinvención del tiempo y del movimiento no podía ser reducida a una conceptualización científica o una sistematización filosófica, así como por su reafirmación del valor de la creatividad humana" (2021: 7). Dicha reinvención de lo temporal reside en el concepto de duración [*durée*]. El cual, junto a la noción de conciencia, juega un papel esencial en la filosofía de Bergson.

Como punto de partida podemos decir que para Bergson la duración es tiempo. Pero no el tiempo del reloj, sino "una multiplicidad de 'recíprocas penetraciones' muy diferente de la multiplicidad numérica –la

6. Bill Viola cita a Bergson en un texto de 1981 titulado "The Porcupine and the Car": "El filósofo del siglo veinte Henri Bergson sugirió, no obstante, que los sentidos humanos deberían ser tratados como *limitadores* respecto a la cantidad total de energía que bombardea nuestro ser, previniendo al individuo de ser abrumado por el ingente volumen de información que existe a cada instante" (Viola 1995: 59).

representación de una heterogénea, cualitativa y creativa duración-" (2002: 367). Según Bergson, esta intuición es el punto central de su pensamiento. Si bien él es el primero en reconocer que aprehender la duración "requiere de un muy grande esfuerzo mental, de la ruptura de muchos marcos conceptuales, algo así como un nuevo modo de pensar (pues lo inmediato está lejos de ser lo que más fácil comprendemos)" (2002: 367). Para acercarnos a la duración es necesario situarse en lo móvil, en lo heterogéneo y cualitativo, alejándonos radicalmente de lo espacial,[7] pero este esfuerzo merece la pena porque "cuanto más profundicemos en la naturaleza del tiempo, tanto más comprenderemos que *durée* significa invención, creación de formas, elaboración continua de lo absolutamente nuevo" (Bergson 1963: 447). ¿Dónde radica esta conexión entre duración y novedad?

De acuerdo con Bergson existen dos procesos mentales a través de los que obtenemos conocimiento: la inteligencia y la conciencia. Ambos operan de modos distintos y provocan resultados complementarios. Bergson defiende que la inteligencia es una actividad orientada a fines prácticos como separar elementos, espacializarlos, establecer relaciones entre ellos y organizarlos; es decir, "está hecha para obrar desde fuera sobre la materia y no llega a ella sino practicando, en el flujo de lo real, cortes instantáneos" (1963: 654). De ahí que compare su funcionamiento al de una cámara de cine analógica:

tomamos vistas casi instantáneas de la realidad que pasa, y, como ellas son características de esta realidad, nos basta enfilarlas a lo largo de un devenir

---

7. Bergson establece un dualismo radical entre tiempo y espacio. Hay tres campos principales en los que ambos aspectos presentan características diametralmente opuestas: aparición de los datos, multiplicidad y composición. Respecto a la aparición de los datos, en la *durée* estos se presentan de un modo sucesivo y móvil mientras que en un régimen espacial aparecen simultáneamente. En lo tocante a la multiplicidad, lo propio de la temporalidad bergsoniana es que esta sea de tipo cualitativo, mientras que la del espacio es que sea cuantitativa. Por último, respecto a la composición del medio, la *durée* es pura heterogeneidad, mientras que el espacio engendra homogeneidad.

abstracto, uniforme, invisible, situado en el fondo del aparato del conocimiento, para imitar lo que hay de característico en este devenir mismo (Bergson 1963: 700).

La inteligencia, por tanto, es útil para una comprensión científica del mundo basada en datos, pero es incapaz de manejarse en lo fluido, dinámico y heterogéneo. Aplicarla a estos procesos los dividirá en elementos homogéneos, empeñada en cuantificarlos y categorizarlos. Esto es lo que ocurre con el tiempo. Si nos aproximamos a lo temporal desde la inteligencia, estaremos haciéndolo desde una posición fuera de su propio flujo heterogéneo original, imponiendo una distancia entre el tiempo y nosotros. Y dicha distancia, precisamente, nos negará su esencia, provocando que este nos parezca algo misterioso que se nos escapa de entre los dedos. La solución para recuperar esta cercanía pasa por recurrir a nuestro modo original de relacionarnos con lo que nos rodea: la conciencia.

La conciencia es "el acto inmediato e inmanente que sintetiza los contenidos del tiempo sin distinción, una integración dinámica que se hace manifiesta mediante la libertad, la memoria y la creación" (Worms 2005: 1229). Es decir, allí donde la inteligencia descompone, la conciencia sintetiza; donde la inteligencia homogeneiza, la conciencia respeta la heterogeneidad; donde la inteligencia se sitúa fuera del flujo del tiempo, la conciencia abraza la interconexión entre lo pasado y lo presente y su apertura a lo futuro. La conciencia es nuestro modo directo e inmediato de aprehender lo que nos rodea en su pura heterogeneidad temporal, antes de que sea desmenuzado por la reflexión inteligente. Esto es posible porque los propios estados de conciencia devienen duración "cuando nuestro yo se deja vivir, cuando se abstiene de establecer una separación entre el estado presente y los estados anteriores" (Bergson 2006: 77). Pese a que la conciencia presenta sus límites –"en nuestra duración, la que nuestra conciencia percibe, un intervalo dado no puede contener más que un número limitado de fenómenos conscientes" (Bergson 2012:

228)–, ella es nuestro único punto de acceso, nuestro modo de intuirnos a nosotros mismos como partícipes de esa ola creadora, de ese "progreso continuo del pasado que corroe el porvenir y que se hincha al avanzar" (Bergson 1963: 442), que para Bergson terminaría siendo la duración.[8]

Si comparamos la duración con la noción clásica del tiempo, entendido como fenómeno compuesto por pasado, presente y futuro, emergen significativas diferencias. En la filosofía de Bergson estos tres aspectos se hallan interconectados y amalgamados en la duración. Charles R. Schmidtke afirma: "Para Bergson, el pasado realmente es la memoria flotando en la conciencia, el presente es la continua percepción con su característica *durée* y el futuro es la creación, lo novedoso e imprevisible de la experiencia" (1987: 232). Leonard Lawlor, en su libro *The Challenge of Bergsonism* (2003), es aún más concreto:

primero, el pasado sobrevive. Segundo, porque el pasado sobrevive, cada momento venidero no puede ser un mero reordenamiento de viejos momentos. Tercero, al no ser un reordenamiento de lo viejo, cada momento venidero debe por tanto ser nuevo. Esta es la formulación más precisa que podemos construir de la idea de duración de Bergson (2003: 83).

Bergson busca abrirnos a la posibilidad de vivir lo temporal como duración: una experiencia en la que la memoria aporta pasado al presente y nuestra conciencia de lo presente crece –hace "una bola de nieve con-

8. El propio concepto de duración va evolucionando a lo largo de la trayectoria filosófica de Bergson. Barry Dainton sintetiza este cambio como sigue: "En su trabajo temprano, particularmente en su *Ensayos sobre los datos inmediatos de la conciencia* de 1889, Bergson confinó la *durée* -y su fluido y distintivo carácter unificado- solamente a la conciencia; explícitamente opuso el carácter dinámico de la experiencia con el estático del reino físico. En su trabajo posterior, empezando con su *Materia y Memoria* de 1896, sustituyó su dualismo inicial por un monismo pampsiquista. Para el último Bergson, la *durée* es el componente básico (y la fuerza impulsora) de todo en la totalidad del universo: es un aspecto de la experiencia consciente, pero también está presente en todos los demás aspectos de la realidad" (2017: 94).

sigo mismo" (Bergson 1963: 440)–, avanzando hacia un futuro imprevisible. La inteligencia no es capaz de hacer pie sin romperlo; mientras que la conciencia, pese a sus limitaciones, por su naturaleza más inmediata y abierta, puede lidiar con él y hacernos partícipe de la duración.

El presente razonamiento nos ha llevado a una posición que aclara la analogía de Viola entre luz/duración y ojo/conciencia. Si el ojo humano es el órgano que capta una región del espectro luminoso, la conciencia sería aquello que nos permite intuir una fracción de la duración, de ese mundo como proceso en el que vivimos inmersos. Viola no establece un dualismo entre conciencia e inteligencia; no obstante, sí que apunta hacia la primacía de lo temporal entendido como duración cuando hace hincapié en cómo esta posibilita y moldea en su propio discurrir nuestra actividad consciente: "La duración es el medio que hace posible el pensamiento" (1995: 203).

Creo que en gran parte de las obras que se analizarán en los capítulos posteriores, sino en todas, Viola busca ofrecer una vía de acceso *hacia* una experiencia del tiempo que tiene ciertos elementos en común con el concepto bergsoniano de duración. Él también sabe de nuestras dificultades para alejarnos de la rígida concepción del tiempo impuesta por el reloj y, debido a ello, ofrece en sus obras pasillos, oscuridad, recintos que rodean o aíslan al espectador, así como elementos audiovisuales que hacen más fácil la ruptura con el tiempo cuantificado. Busca desorientar a lo racional y apelar a la conciencia. Sin embargo, creo que la duración es más una idea clave para comprender la visión artística de Viola que un elemento concreto que nos pueda ayudar a analizar la experiencia estética específica de sus obras. De ahí que haya decidido, antes que nada, abordar esta relación, tanto explícita como implícita, entre las obras de Viola y las ideas de Bergson. Un punto de partida que no agota la exploración filosófica de dichas video instalaciones, pues hay elementos también de gran interés para Viola y relevantes para la discusión de la experiencia de sus obras, como el rol del espacio y el necesario vínculo corporal entre emoción y temporalidad, que no encuentran respuesta en las tesis del filósofo francés.

PASSAGE: LOS RESQUICIOS DEL TIEMPO

La experiencia de *Passage* comienza atravesando un pasillo oscuro y angosto de más de seis metros de largo que sirve de límite entre el mundo exterior y el de la obra. El espacio al que se accede no es mucho más acogedor: una habitación de apenas un metro y medio de fondo por cuatro y medio de ancho y tres y medio de altura (fig. A). La única luz que llega al espectador proviene de la pantalla que ocupa la pared más grande del cubículo. En ella se ven imágenes que discurren lenta y entrecortadamente. El sonido avanza como un glaciar en una honda y grave ola que llena todo el espacio. A medida que pasa algo de tiempo, uno se da cuenta de que lo que está observando es algún tipo de fiesta infantil, pero no hay una posición cómoda desde la que abarcar la totalidad de lo que se tiene enfrente. Resulta imposible establecer una distancia desde la que analizar fríamente lo que se está viendo. Desde el pasillo sólo se ven fragmentos. En *Passage* uno está, literalmente, pegado a una pantalla que desborda toda percepción. Si se decide permanecer dentro de esa obra, el espasmódico flujo audiovisual progresivamente evoca una sensación distinta de lo temporal. La intensidad y la falta de intimidad pueden ser sofocantes.

Contemplamos instantes a punto de congelarse. Los saltos en el discurrir de las imágenes y del sonido hacen crecer una vaga sensación de fragilidad que nace de la obra y se va expandiendo hacia nuestra visión de nosotros mismos. Aquello que nos habían dicho que es el tiempo no tiene nada que ver con lo que nos ofrece *Passage*. Esta tensión, ante lo que se ve y lo que se oye, genera dudas. Uno teme que todo termine por detenerse y que colapse de un momento a otro. Y es esta rigidez, estas pausas, lo que nos invita a intentar anticipar lo desconocido, lo que provoca que ciertos elementos pasen a ser el objeto de nuestra atención. De repente, uno cree tener al alcance de la percepción las costuras de lo afectivo. Y, desde esta cercanía antinatural, los intersticios de lo temporal quedan a la vista. Experimentamos el presente como una entidad porosa que resiste a duras penas, sostenida por una secuencia desnaturalizada de imágenes y sonidos. Todo es fragmentario y difuso. El tiempo como tejido quebrado. Los huecos se convierten en protagonistas; las emociones avanzan a borbotones. Gestos y miradas se convierten en cristales que se agrietan y se reconstruyen a cada momento; esquirlas que amenazan con salir de la pantalla y golpear al que aún sigue allí, expuesto a lo que queda cuando desaparece la ilusión de la continuidad de la existencia.

DE LA IMAGEN-TIEMPO A LA IMAGEN-CRISTAL

Una posible clave para comenzar a explorar lo que ofrece *Passage*, la video instalación de Bill Viola creada en 1987, puede hallarse en el libro de Gilles Deleuze *La imagen-tiempo: Estudios sobre cine II* (1987). Particularmente en su concepto de la imagen-cristal y en el análisis que lleva a cabo del intersticio. La primera idea serviría como marco conceptual, la segunda como piedra de toque para desentrañar lo específico de la obra. Aunque el análisis de Deleuze se limita a lo cinematográfico, creo que, sin forzar demasiado su pensamiento, este puede aplicarse a la discusión de video instalaciones y obras de video arte como las de Viola. Al fin y al cabo, una estrategia similar ya ha sido llevada a cabo por investigadores

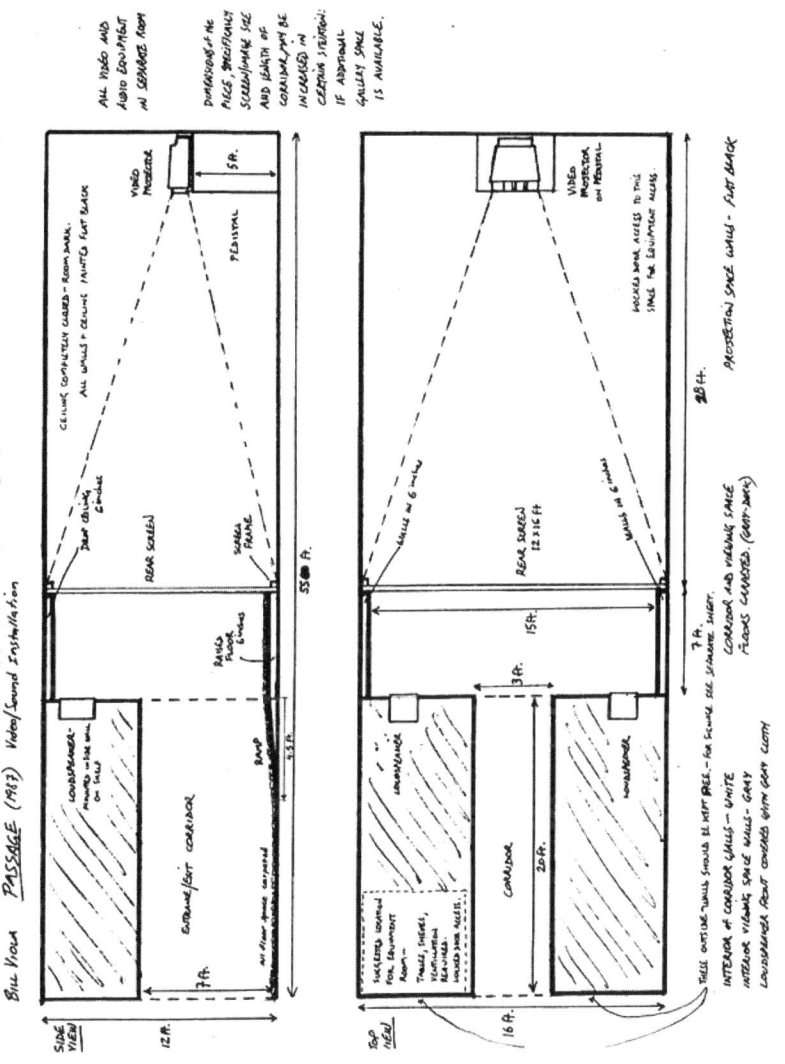

Fig. A - Plano de *Passage* (1987)

como Barker (2012). Más aún, Daniel Birnbaum (2005) ha argumentado que las exploraciones más ricas y complejas de algunas de las tesis de Deleuze actualmente se llevan a cabo por video artistas.

En *La imagen-tiempo* Deleuze desarrolla un análisis del cine posterior a 1945. Su postulado básico es que directores como Orson Welles y Yasujiro Ozu se encuentran entre los primeros cineastas que exploraron un régimen temporal distinto, aquel que da título al libro: la imagen-tiempo. Una nueva forma artística encaminada a conseguir, a través de recursos técnicos tales como aceleraciones, cámaras lentas, cambios de escala y proporción o falsos *raccords*, "una presentación directa del tiempo" (1987: 58). Este cambio se basa en la inversión de la relación de dominancia entre el par tiempo-movimiento. En el cine anterior a 1945, autores como Carl Theodor Dreyer o Ernst Lubitsch presentaban indirectamente el tiempo a través del movimiento. Es decir, el espectador infería el paso del tiempo a través de los cambios de posición de la cámara, los desplazamientos de los personajes o el montaje de los planos en las escenas. Este tipo de cine no desapareció con la llegada de la imagen-tiempo. Alfred Hitchcock, según Deleuze, es un ejemplo de realizador que exploró a lo largo de su carrera la encrucijada entre la imagen-movimiento y la imagen-tiempo. Es más, a día de hoy innumerables películas siguen manteniéndose en los preceptos formales de la imagen-movimiento. Sin embargo, obras como *La Dama de Shanghai* (1947) o *Cuentos de Tokio* (1953) fueron algunas de las primeras que permitieron, en algunas de sus escenas, una percepción directa del tiempo mediante la ruptura del hilo lógico secuencial de las causas y consecuencias.

Con este desmantelamiento de la estructura lógica del movimiento y las reacciones como motor de trama –lo que Deleuze denomina situación sensoriomotriz (1987: 64)– los directores permiten al espectador acceder a situaciones puramente ópticas y sonoras. Se abre la puerta a aspectos de la percepción previamente velados. Sin embargo, este acceso no es gratuito. En las grabaciones que exploran la imagen-tiempo no resulta fácil, a veces ni siquiera posible, deducir la ordenación cronológica del antes y el después. Son imágenes en las que la flecha del tiempo, que avanza del pasado hacia el futuro, queda dislocada. Como resultado, se debilita la tradicional distinción entre lo objetivo y lo subjetivo.

El cine de la imagen-tiempo nos lleva hacia un terreno de mezcla e indeterminación. El tiempo, en estas nuevas películas, no está constreñido por unas bisagras del movimiento que controlen su fluir. El tiempo ya no mide. Ahora el tiempo está a nuestro alcance en su versión desquiciada, desatada y pura. Ya no ocurren cosas que lo hacen perceptible, sino que es él, en todo su misterio, el que ocurre. Resulta fácil ver por qué algunas recientes revisiones de este aspecto de la filosofía de Gilles Deleuze toman películas de David Lynch –*Carretera Perdida* (1997) o *Mulholland Drive* (2001)– como ejemplos de este nuevo orden de lo temporal (Romero López 2021). Operan en una ausencia casi total de relaciones lógicas de movimiento y reacción; buscan exponer el tiempo sin mediación lógica alguna. Algunos espectadores se sienten perdidos ante estas películas; por el mismo motivo, otros disfrutan enormemente de dicha libertad.

Podemos decir, por tanto, que Deleuze argumenta que el paso de la imagen-movimiento a la imagen-tiempo implica la superación de la acción motriz en favor de situaciones predominantemente ópticas y auditivas. Un proceso que nos acerca a lo indefinido, dejando atrás la relevancia de diferencias entre lo imaginario y lo real o lo físico y lo mental. En palabras del filósofo francés "es como si lo real y lo imaginario corrieran el uno tras el otro, reflejándose el uno en el otro en torno a un punto de indiscernibilidad" (Deleuze 1987: 19). La abundancia de imágenes-tiempo genera un marco específico que Deleuze denomina 'régimen cristalino', el cual se opone al 'régimen orgánico' de las imágenes-movimiento. Los pares conceptuales lo dejan claro: lo orgánico del movimiento anclado en causas y consecuencias frente al tiempo del cristal que refracta la mirada abismándola en lo indeterminado.

El epítome de las imágenes-tiempo se denomina imagen-cristal, ya que "la imagen óptica actual cristaliza con 'su propia' imagen virtual, sobre el pequeño circuito interior" (Deleuze 1987: 98). Es decir, la imagen cristal sería la forma más pura de imagen-tiempo, aquella en la que se produce un máximo de indiscernibilidad debido a que lo real y lo evocado están más íntimamente unidos y por ello adquieren mayor potencia. En la imagen-cristal lo actual y lo virtual se desdoblan y dialogan, yendo mucho más allá de los estrictos confines de la ordenación cronológica. La imagen-cristal arquetípica, según Deleuze, está encarnada por los momentos finales de *La Dama de Shanghai* de Orson Welles (fig. B). En esas escenas, que discurren en un laberinto de espejos, los reflejos generan un juego inacabable de duplicaciones, desplazamientos y difracciones que solo puede ser superado por los protagonistas rompiendo los infinitos cristales que multiplicaban infinitamente las posibilidades de lo real y lo virtual negando toda posibilidad de discernimiento.

LOS CRISTALES AFECTIVOS

Una vez presentados algunos aspectos esenciales de las ideas de Deleuze, podemos empezar a entrever cómo pueden aplicarse a una obra como *Passage* y en qué nos pueden ayudar a comprender los mecanismos expresivos de la video instalación de Bill Viola. Según Deleuze, la emergencia de las imágenes-cristal puede ser causada por diversas estrategias de montaje, pero lo que más nos importa en este momento es que estos mecanismos provocan la emergencia de un "tiempo crónico, no cronológico, que produce movimientos necesariamente 'anormales', esencialmente 'falsos'" (Deleuze 1987: 175-176). Detengámonos un momento en las implicaciones de la emergencia del tiempo crónico. Un tiempo crónico es un tiempo en el que todo habla entre sí y lo que surge de ese diálogo va más allá de lo que podemos prever. Un tiempo crónico nos permi-

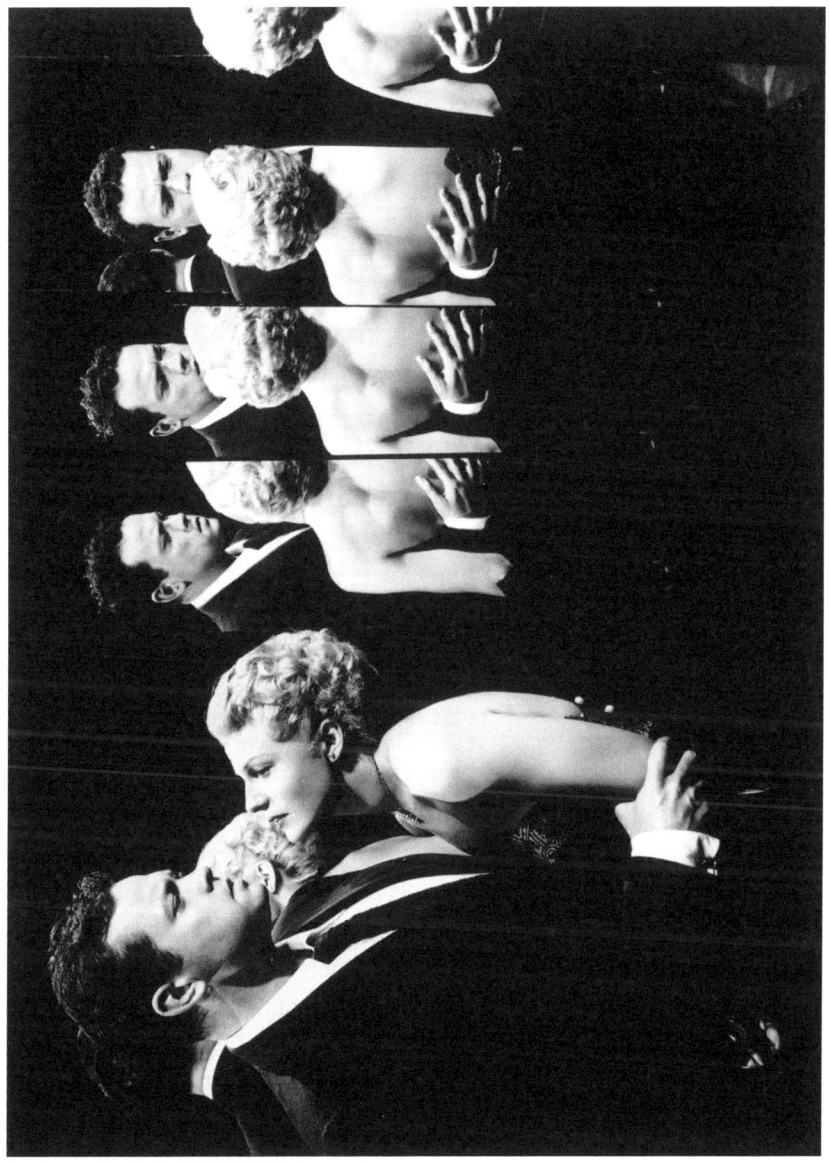

Fig. B - *La Dama de Shangai* (1947)

te ver lo pasado y lo futuro operando en el presente. Es un tiempo que desbarata la cadena de las causas y las consecuencias. Esta y otras ideas del tiempo presentadas por Deleuze beben de la filosofía de la temporalidad de Henri Bergson, a quien cita y reinterpreta en numerosas ocasiones en sus obras sobre el cine.

No es este el lugar para llevar a cabo un análisis en profundidad de la concepción deleuziana del tiempo, pero sí que es esencial tener claro que, en su opinión, el pensamiento no ocurre en el tiempo, sino que ambos se constituyen recíprocamente a través de tres síntesis que ni son independientes entre sí ni secuenciales: cada una aporta un aspecto distinto a la totalidad de la experiencia del tiempo. La primera síntesis genera el presente vivo que de un modo pasivo da lugar a la percepción del tiempo. La segunda tiene que ver con lo pasado y la tercera, esencialmente, con el futuro. Las películas que nos permiten la experiencia de las imágenes-cristal, por tanto, nos ofrecen una experiencia distinta del pensar y del tiempo. Como en un juego infantil, los directores que exploran esta forma artística nos impiden usar nuestras estrategias de orientación temporal habituales, nos hacen girar varias veces sobre nuestro eje y nos dejan ante una realidad en la que lo que es, lo que ha sido y lo que puede ser se entrelazan en nuestro pensamiento. Sirvan de ejemplo ciertos planos de la película de Ozu *Historias de Tokio*, en los que, mediante una exagerada quietud del encuadre, los objetos y los lugares, según Deleuze, "alcanzan lo absoluto, como contemplaciones puras, y aseguran inmediatamente la identidad de lo mental y lo físico, de lo real y lo imaginario, del sujeto y el objeto, del mundo y el yo" (Deleuze 1987: 30).

Creo que Viola utiliza varias estrategias formales para situarnos en un modo de percepción que guarda muchas similitudes con este régimen cristalino en el que el tiempo se presenta a sí mismo directamente en un discurrir crónico. En primer lugar, mediante una antinatural ralentización de las imágenes. La grabación que se muestra al espectador en *Passage* originalmente duraba veintiséis minutos. En la pantalla esta es proyectada dieciséis veces más lenta. Es decir, si alguien quisiera contemplar el video en su totalidad debería de permanecer ante él seis horas y media. Mientras que en otras obras posteriores Viola utilizó para la grabación la película cinematográfica, en *Passage* recurrió al video. Un video que registraba treinta imágenes por segundo. Por ello, al forzar la grabación a reproducirse dieciséis veces más lentamente que la velocidad a la que fue registrada, los saltos entre cada imagen resultan perceptibles. El hueco deviene visible. Hechos que durarían una fracción de tiempo demasiado pequeña como para poder ser objeto de reflexión, aquí ocupan una extensión significante y, aún más, se nos dan como pequeñas cristalizaciones del tiempo. El sonido también es reproducido a esta misma velocidad antinatural. Otro aspecto que subraya la cronicidad del tiempo es lo inusitado de la escala de las imágenes, lo cual, sumado al modo en el que las dimensiones del espacio de la obra constriñen los movimientos del espectador, forzando a una cercanía extrema con la pantalla, imposibilita contemplar de un vistazo la totalidad de lo que discurre en la superficie de proyección (fig. 1). Todo es demasiado grande. Todo discurre demasiado lentamente para que nuestras herramientas y hábitos perceptivos funcionen de la manera habitual. No importa que la grabación que se contempla en *Passage* no muestre nada especialmente destacable. Lo relevante no es lo que estamos viendo, sino cómo y desde dónde lo estamos viendo. Viola busca que contemplemos con la misma fascinación que un niño experimenta lo inmenso y misterioso del mundo.

En cierto modo, en *Passage*, Viola nos fuerza a mirar la realidad desde un microscopio tanto temporal como audiovisual. Y lo hace con la certeza, tal como afirmó en una entrevista, de que una ampliación de los sentidos conlleva una ampliación del conocimiento (Gayford 2003: 24). En este caso, al aplicar dicho microscopio, es muy probable que aparezcan cosas que no sabíamos que estaban ahí, pero que condicionan la estructura de lo visible.

Viola tuvo su particular eureka durante el proceso de edición de *Passage*. Su idea de partida era la de grabar una celebración infantil para posteriormente proyectarla a cámara lenta y mostrar el desarrollo de los movimientos a un ritmo desacostumbradamente pausado. Ya había utilizado anteriormente el recurso de modificar la velocidad del flujo temporal de lo audiovisual en obras como *Hatsu Yume* (1981), donde, en una de las secuencias que la componen, se ve una grabación de un paisaje y, al fondo, a unas personas cuya velocidad va disminuyendo a medida que se acercan a la cámara, provocando la consiguiente inestabilidad en la experiencia que el espectador tiene del paso del tiempo. Sin embargo, mientras trabajaba con el material de grabación que habría de formar parte de *Passage*, encontró algo que no se esperaba. Como consecuencia de la disminución de la frecuencia de reproducción, cada imagen pasó a durar alrededor de medio segundo. Ante sus ojos, emergieron las costuras temporales de lo afectivo.

Al aplicar la ralentización a las imágenes de las caras y los gestos de los niños, en palabras de Viola, del video "surgió no solo un exceso de emoción, sino una especie de expansión temporal, más allá de los confines de lo que había sido grabado en cada imagen" (Hansen 2004a: 260). *Passage* le abrió acceso a un tiempo afectivo que normalmente fluye, como un río subterráneo, debajo de la cronología de las acciones y las consecuencias: las mínimas y progresivas variaciones de las emociones que se reajustan y parecen dialogar entre sí. Lo que Viola nos ofrece por primera en *Passage*, y que llegará a convertirse en uno de los elementos principales de su propuesta artística, es el acceso a un microscopio enfocado sobre las dinámicas de los afectos. Un microscopio que funciona a una resolución temporal tan lenta que provoca que lo que se ve en la pantalla resuene con nuestras propias emociones, amplificando aquellos procesos análogos que van teniendo lugar en nosotros mismos. Es significativo que haya investigadores que consideren *Passage* como un hito fundacional en la trayectoria de Bill Viola (Hansen 2004a: 261). La obra nos atrapa porque magnifica aspectos que normalmente escapan a nuestra reflexión consciente y que, sin embargo, constituyen el tejido último de nuestra existencia: la inextricable relación de lo afectivo y lo temporal.

EL INTERSTICIO HABITADO

Si bien *Passage* puede ser valorada como una obra clave en la evolución de la trayectoria artística de Viola, existen diferencias significativas entre esta y otras video instalaciones posteriores como *The Greeting* o la serie *The Passions*. Mientras que en *Passage* hay una exploración del tiempo y del espacio a partir del uso de un flujo audiovisual entrecortado, en las otras obras mencionadas y demás propuestas similares, Viola ofrecerá una imagen y un sonido ralentizados pero que fluyen continuamente, similar a otras experiencias habituales de las grabaciones a cámara lenta. El efecto en el espectador, a priori, se ha de considerar potencialmente diverso. La estrategia que Viola emplea en *Passage* presenta similitudes con algunas obras posteriores del video artista escocés Douglas Gordon tales como *24 Hour Psycho* (1993) o *Five Year Drive-by* (1995), en las que el británico dilata el metraje de *Psicosis* (1960) de Alfred Hitchcock y *Centauros del Desierto* (1956) de John Ford hasta hacerlos durar, respectivamente y tal como indican los títulos, un día entero y cinco años. Una posible interpretación de las obras de Gordon a la luz de las teorías deleuzianas es que, al ralentizar radicalmente las películas originales, lo que el artista consigue es transformar las imágenes-movimiento de las que parte en imágenes-cristal (Sammarcelli 2020). Podría argumentarse que tanto las obras de Gordon como *Passage* comparten el interés por sacar a la luz eventos significativos del tiempo que estaban sepultados en el flujo temporal original. También una voluntad de otorgar más tiempo al espectador para experimentar eventos demasiados fugaces como para ser aprehendidos en el ritmo inicial de presentación.

Estos sucesos narrativamente relevantes se nos aparecen como esquirlas de tiempo que reflejan su discurrir pasado y futuro; esquirlas que se clavan en la conciencia temporal del espectador. El resultado es que *Passage* interpela al que la observa por esas emociones que parecen nacer y morir en un tiempo crónico en el que lo pasado, lo presente y lo futuro no son sino un espejear ambiguo e indiscernible de múltiples actualidades. David Rodowick propone la siguiente lectura de la noción deleuziana noción de imagen-cristal y de su potencial efecto en la experiencia del sujeto que la contempla:

el régimen cristalino produce una sensibilidad incrementada del tiempo, esto significa que el intervalo suspende al espectador en un estado de incertidumbre. Cada intervalo se convierte en lo que la física probabilística denomina un 'punto de bifurcación', donde es imposible saber o predecir anticipadamente qué dirección tomarán los cambios (1997: 15).

El intervalo, que deja al espectador suspendido ante el tiempo, puede ser relacionado con otro concepto de la filosofía de Deleuze: el intersticio. Según el filósofo francés, el intersticio es un mecanismo específico de montaje, típico de las imágenes-tiempo, que se caracteriza por ser un corte de tipo irracional que genera una disociación, en vez de una asociación, entre los distintos elementos audiovisuales. El término irracional hay que entenderlo desde un punto de vista matemático. Es decir, si tenemos en cuenta que un número irracional es aquel que no puede escribirse como una fracción porque los decimales nunca se repiten –por ejemplo, el número π– un corte irracional es aquel que produce que la imagen precedente y la posterior generen una frontera que no pertenece ni a la una ni la otra (Deleuze 1987: 242). Pensemos, por ejemplo, en la película *Pierrot le fou* (1965) de Jean-Luc Godard. En la cinta el director francés genera multitud de intersticios, entre otros recursos, mediante el paso súbito y sin transiciones que permitan anticiparlos, de un nivel de discurso a otro radicalmente distinto. A través de esta estrategia de montaje, saltamos de una escena romántica a la portada de un cómic, de una perorata política a una canción popular, de una huida en coche a una frase de diálogo dirigida al público que rompe la cuarta pared (fig. 2). El espectador es forzado a construir por sí mismo los puentes que conectan los distintos estratos de la narración.

Los intersticios, en definitiva, quebrantan la cadena acostumbrada de lo audiovisual. Escinden el nexo entre dos imágenes. Los intersticios que emergen en la transición entre dos planos sucesivos provocan que "entre los dos se establezca una diferencia de potencial que produzca un tercero o algo nuevo" (Deleuze 1987: 240). Este símil eléctrico resulta tremendamente esclarecedor, pues refleja la atracción (y también el riesgo) que suponen los intersticios para el espectador. Si su conciencia es capaz de reaccionar ante este salto, su vivencia se verá enriquecida. Si, por el contrario, ese vacío resulta demasiado amplio como para vadearlo, se verá expulsado del sentido de las imágenes y será incapaz de ofrecer algo coherente que las ponga en relación.

En mi opinión, *Passage* podría considerarse como una video instalación que ofrece al espectador una experiencia continuada del intersticio. Debido a las limitaciones del medio del video que ya han sido mencionadas, al ralentizar dieciséis veces la grabación original de treinta imágenes por segundo, hechos que durarían una fracción de tiempo demasiado pequeña como para poder ser objeto de reflexión, pasan a ocupar una extensión significativa, ofreciéndose a la experiencia como pequeñas cristalizaciones del tiempo. Cada imagen se convierte en un cuerpo extraño que presenta un fragmento de información que el visitante no está acostumbrado a recibir descontextualizado y que, al ser sustituido por otro instante de la misma naturaleza mediante un salto perceptible, genera una disrupción en nuestra conciencia temporal. Este hiato es el intersticio que permite que aflore la necesidad de una sutura, de una tercera imagen que no se halla físicamente en el metraje. Y, debido a que *Passage* es una narración que se centra en los matices mínimos de los sentimientos, que nos muestra su nacimiento, desarrollo y extinción, no es extraño que aquel que contemple la obra se vea impulsado a intentar remedar dicha separación con vivencias afectivas propias. Sobre esta idea, Rodowick sugiere que

lo que quiera que sea que desaparece en el intervalo ha de ser restituido por el espectador mediante un esfuerzo de memoria y de imaginación. Del mismo modo, una vez que el nexo causal es interrumpido por el intervalo irracional, una infinita variedad de relaciones se hace posible (Rodowick 1997: 150).

Sin embargo, en el caso de *Passage*, este proceso afectivo no es fluido ni continuo, sino que se podría argumentar que avanza del mismo modo que lo hace el video: espasmódicamente. Apenas arranca esta dinámica de reconstrucción afectiva, se detiene. Cada intersticio es un momento de indeterminación que infunde dudas en el espectador a cerca de lo que vendrá después, a cerca de lo siguiente que verá. Mientras que otras obras de Viola discurren bajo el homogéneo régimen de la cámara lenta, en *Passage*, ciertos aspectos formales de la obra (esencialmente su régimen audiovisual y su peculiar disposición espacial) imposibilitan dejarse llevar plácidamente por la dimensión afectiva de las imágenes. El propio Viola parece ser consciente de esta capacidad de atracción y del potencial evocador del hueco entre las imágenes, pero también de la reflexión incesante y forzosamente inconclusa que demandan del espectador:

los artistas han sabido desde hace mucho tiempo que las más interesantes conexiones entre las cosas implican áreas de poca, o ambigua, información, las llamadas 'brechas' [*gaps*] en la comprensión. Este es el tiempo del verse involucrado, de la participación del espectador, en la obra de arte. El proceso de comprensión en sí mismo demanda que uno se enfrente a algo que no termina de comprender (Viola 1995: 67).

La indeterminación, la brecha, el hueco en la experiencia de lo temporal, el intersticio en términos deleuzianos, es un elemento crucial de la propuesta artística de Viola en *Passage*. El vacío atrae física y afectivamente. Donde la obra calla, el espectador es invitado a reflexionar y sentir para suturar el hueco con elementos de su propia experiencia vital.

Creo que este impacto afectivo no tendría lugar del mismo modo en obras como *24 Hour Psycho*. El hecho de que Gordon recurra como material fuente a películas de gran popularidad provoca que la reconstrucción que se lleva a cabo sea más racional y que la experiencia de los procesos temporales implicados sea emocionalmente más neutra. A este respecto, Sylvia Martin expone que

un público familiarizado con los detalles del clásico cinematográfico debe mentalmente añadir sucesos precedentes y sucesivos al momento que las imágenes están mostrando; es decir, completar la historia con lo anterior y lo posterior de lo que está teniendo lugar en la pantalla. De este modo, varias dimensiones temporales –pasado, futuro y presente– se consolidan en una amplificada visión del tiempo (2006: 52).

El hecho de que Viola recurra a una fiesta infantil que podría ser nuestra, o de nuestros hijos, o aquella que siempre quisimos tener y nunca nos organizaron, hace que el microscopio temporal se enfoque hacia lo cotidiano y se impregne, de ese modo renqueante, incompleto y pleno de indeterminaciones, de las emociones del día a día.

En el caso específico de *Passage*, como ha sido apuntado en varias ocasiones, el efecto de las dimensiones exageradas de la pantalla también ha de ser tenido en cuenta. Las imágenes desbordan al espectador, le abrazan y le fuerzan a participar en ese cumpleaños al que nunca asistió pero que ahora está ocurriendo pegado a él, transformado en algo monumental y extraño. Como argumenta Timothy Murray, en *Passage* confluyen "la manipulación del espacio y la extrema tensión del tiempo, que dejan al espectador inconfortablemente cerca de esa gran imagen, sobrepasándole en escala, cimentando que el propio espectador atraviese un pasaje" (Murray 2011: 275). Lo espacial y lo temporal establecen una sinergia que deja a la temporalidad del visitante fuera de quicio, desgajada de las bisagras del orden y la secuencia cotidiana de las cosas. Podría decirse que *Passage* nos obliga a confrontar de un modo inusitadamente intenso varios abismos anidados: las capas de lo temporal que damos por descontadas, el peso de las emociones en las decisiones que creemos automáticasy la capacidad generadora y renovadora del instante. Cuando estamos *dentro* de *Passage* –y digo dentro porque esta es la preposición más adecuada para comunicar lo que implica la experiencia de la obra– se nos permite observar ese fugaz momento en el que se desencadena una emoción y aún no sabemos si será risa o será llanto. El visitante que se adentra en *Passage* se enfrenta a las sutiles variaciones de lo afectivo convertidas en sucesivas catarsis de una intensidad desmesurada. Y por ello, en el caso de que sea capaz de canalizar esa diferencia de potencial de la que hablaba Deleuze, se verá llevado, a través de los intersticios, a otra forma de sentir y pensar en una escala de resolución temporal menor, la de las interconexiones veladas de lo temporal, la de un tiempo crónico alejado de lo cronológico.

Para ahondar en esta potencial conexión entre la filosofía de Deleuze y la obra de Viola, resulta esclarecedor recuperar un testimonio del artista, en el que afirmó sentirse profundamente impactado al ver la grabación de *Passage* proyectada a cámara lenta, no sólo por el exceso de emoción, sino por la posibilidad de acceder a "una cierta expansión temporal más allá de los confines de lo que fue capturado en la imagen" (Hansen 2004a: 261). Esos chorros de tiempo que van más allá de los confines del presente recuerdan a una afirmación de Deleuze:

> no hay presente que no esté poblado por un pasado y un futuro, no hay un pasado que no se reduzca a un antiguo presente, no hay un futuro que no consista en un presente por venir. La simple sucesión afecta a los presentes que pasan, pero cada presente coexiste con la imagen presente. Al cine le toca captar este pasado y este futuro que coexisten con la imagen presente (Deleuze 1987: 60).

Dado que Deleuze se refiere al cine, dar el salto y aplicar esta idea al modo en el que un video afecta la experiencia del espectador podría ser arriesgado; sin embargo, creo que está justificado explorar el modo en el que la generación de los intersticios hace que lo instantáneo sea objeto de contemplación, afectando a quien observa la obra, al abrir la experiencia del presente hacia el pasado y el futuro.

Porque, como habíamos visto, es el espectador, en el caso de que ceda a la llamada de la obra, el que habrá de aportar sus vivencias y memorias a los huecos que surgen en esa constante y precisa imagen-cristal que he argumentado que es *Passage*. Rodowick, hablando del cine de Sergei Eisenstein, defiende que "los montajes conflictivos afectan el cuerpo al bombardearlo estratégicamente con sensaciones, llevando al espectador del cine de 'yo veo y oigo' al cine de 'yo siento y pienso'" (Rodo-wick,1997: 182). No podría estar más de acuerdo con este argumento. *Passage* también es un ejemplo de montaje conflictivo. Impacta al visitante con imágenes de génesis y desarrollo de sentimientos y, además, este ya no observa desde la distancia de seguridad que otorga una sala de cine, sino pegado a una pantalla, sometido a los límites de sus sentidos y de su corporalidad. Y si, tal como defiende Viola, "un pensamiento es una función del tiempo, no un objeto concreto" (Viola 1995: 173), el modo en que *Passage* presenta el tiempo, efrentádonos a las fronteras del instante, nos afectará y tendrá consecuencias sobre nuestros procesos de pensamiento y sobre la conciencia de nosotros mismos.

Sin embargo, el hecho de que *Passage* sea una obra que presenta un tiempo con grietas provoca que haya posibilidades para la reflexión; un momento, si bien mínimo, para la detención del pensamiento. Del mismo modo, esta es una obra que nos pone ante una escena cotidiana; no busca transmitir una sensación estética de belleza. Por ello cabe preguntarse qué ocurriría si lo que estuviéramos mirando nos presentara un flujo temporal continuo, que incesantemente sature nuestros procesos de percepción y que ofrezca algo que nos atraiga desde la armonía, el equilibrio y el movimiento fluido. Esto es precisamente lo que ocurre en la obra de la que hablaremos a continuación: *The Greeting*.

THE GREETING: EL INSTANTE PLENO

The Greeting es una pantalla de unos dos metros y medio de ancho por tres y medio de alto situada sobre la pared de una sala amplia y oscura, en cuya superficie se ve a tres mujeres interactuando con tal lentitud que, por momentos, llega a dudarse si realmente se están moviendo (fig. 3). El ligero contrapicado del encuadre acentúa la majestuosidad de los cuerpos, ya de por sí de un tamaño algo mayor del natural, que ocupan casi la totalidad de la pantalla. La escena se va desarrollando calmada y morosamente. Permite que el espectador vaya prestando atención a detalles que de otro modo pasarían inadvertidos. Detalles que se acumulan, incesantemente. Están ocurriendo demasiadas cosas como para captarlas. Todo llama la atención y todo la desborda: la sonrisa en el rostro de una de las mujeres, el movimiento de otra –visiblemente embarazada– que cruza la pantalla, la sorpresa en la mirada de una tercera, ese vestido naranja que flota suspendido en el aire, un abrazo que tarda y tarda siempre demasiado en ser correspondido. Imágenes enmarcadas en un entorno vagamente urbano, ¿o quizá industrial?, bajo una intensa luz azul como la que presagia el anochecer. Y el sonido que inunda la sala: una corriente de aire que crece y decrece de un modo que recuerda más a los crescendos y decrescendos orquestales que a cualquier rumor de la naturaleza.

Imágenes con un pie en lo cotidiano y con otro en el taller de un pintor manierista italiano del siglo XVI. Porque *The Greeting*, en sus diez minutos de duración, va progresivamente avanzando hasta culminar en una versión más profana y contemporánea de la *Visitación* de Pontormo. Un lienzo que refleja el pasaje del Evangelio de San Lucas en el que María le comunica a Isabel que está embarazada.

Pero *The Greeting* no sólo evoca, sino que nos introduce en otros aspectos del tiempo, más ricos y extraños, que yacen sepultados bajo la reduccionista visión del presente como un ahora puntual y finito. En las imágenes los instantes se van dilatando ante nuestros ojos. Las manos, los rostros, también los cuerpos, no cesan de conjurar emociones sin fronteras definidas. Brotan los afectos con la potencia de la lentitud pero también de lo incesante. Un pozo conectado a un remanente que no se agota. Un ballet íntimo del que poco a poco vamos reconociéndonos como partícipes. Y cuando sentimos que ellas también somos nosotros comienza a revelarse la riqueza fractal de un mundo sobre el que flotamos y en el que casi nunca nos sumergimos: el tiempo como proceso compartido. La obra nos fuerza a habitar una atmósfera rica en estímulos que van despertando nuestro cuerpo, que van surgiendo como llamadas a las que nuestras emociones responden. Discurre como en el agua, como a través de un ritmo en el que todo reverbera muchas más veces de las que somos capaces de procesar. Como si se tensara la distancia entre el cuerpo y la conciencia y nuestra materia tuviera que aguantar la respiración para seguir haciendo pie en un tiempo más sutil y complejo, donde lo que creíamos irrelevante y automático se descubre inagotable.

The Greeting es una corriente que nos empapa de más duración de la que estamos acostumbrados a procesar. Así, quizá intuyamos que lo que consideramos tiempo esconde otros tiempos, que el momento que juzgamos igual es único, que, en algún momento de la historia, hemos cambiado la riqueza del instante por lo numérico del reloj, perdiendo con ello la posibilidad de manejar el rumbo de nuestras vidas.

HACIA UN TIEMPO *KAIROLÓGICO*

El análisis de *The Greeting* que llevaré a cabo en este capítulo se articula alrededor de las ideas que Giorgio Agamben ha expuesto sobre dicha obra en su libro *Ninfas* (2010). En él sugiere que la fuerza de *The Greeting* radica en una progresiva saturación kairológica. Una breve contextualización de la noción de *kairós* permitirá comprender mejor lo que significa dicha saturación y su posible impacto sobre nuestra experiencia cotidiana del tiempo. Para analizar este último aspecto tomaré como referencia el trabajo de Edmund Husserl y la reciente reelaboración de sus teorías llevada a cabo por Francisco Varela. Mark B. N. Hansen en *New Philosophy for New Media* (2004a) y Christine Ross en *The Past is the Present: It's the Future Too* (2012) son algunos de los investigadores que han recurrido a las aportaciones de Husserl y Varela para discutir las obras de Viola y las de otros artistas contemporáneos.

Kairós es un término acuñado en la antigua Grecia que, en palabras de Antonio Campillo, designa "un momento, un intervalo de tiempo relativamente breve, pero no es el instante o presente actual: no es el instante objetivo o físico ni tampoco el presente subjetivo o psíquico. Es el momento adecuado, la ocasión propicia, la *oportunidad*" (1991: 60).[9] En

9. En el mismo texto, Campillo ofrece un mayor desarrollo de la noción de kairós:
La primera característica del *kairós*, de la ocasión u oportunidad es su rareza, su excepcionalidad: es fugaz, pasajero, *próskairos*, no porque pase como pasan todos los instantes o presentes, uno tras otro, de modo regular o irrevocable, sino porque se presenta rara vez, de improviso, y aún entonces lo hace a hurtadillas, disfrazando sus contornos, de modo que no nos percatamos de su presencia más que cuando ya se ha marchado. [...] Esta excepcionalidad y fugacidad del *kairós*, su carácter esquivo y su ausencia de contornos precisos, se revelan más perturbadores si se tiene en cuenta que no afectan sólo al tiempo físico, ni sólo al tiempo psíquico, sino a ambos simultáneamente, ya que ambos son en realidad las dos caras del tiempo métrico, del *chrónos*. El *kairós* no pertenece ni al reino exterior de la naturaleza ni al reino interior del alma, sino que se sitúa en la frontera entre ambos y la desbarata, la borra, la hace desaparecer, confundiendo en un solo entramado las cir-

la antigüedad griega, el *kairós* coexistía junto a otros dos conceptos que designaban distintos aspectos de lo temporal: *aión* y *chronos*. *Aión*, en Homero, es la totalidad de la vida; por eso, cuando alguien muere en la *Ilíada*, se dice de él que pierde su *aión*, es decir, "no sólo muere su presente, mueren con él sus experiencias acumuladas y sus expectativas proyectadas" (Serna Arango 2009: 40); posteriormente, a través de una interpretación de la filosofía de Platón expuesta en su diálogo *Timeo*, *aión* pasa a referirse a la eternidad. Por otro lado, el *chronos* nombra el tiempo lineal, uniforme y cuantificable que registra el reloj. Es el tiempo objetivo mediante el que ordenamos nuestra vida.

Todo hace indicar que los griegos consideraban estas tres dimensiones del tiempo como complementarias y relacionadas entre sí (Placido 2004: 159). En esta misma línea, Agamben argumenta que limitarse a concebir el *kairós* como oportunidad, desconectándolo de la concepción lineal del tiempo como *chronos*, sería una simplificación, pues "lo que aprehendemos cuando aprehendemos un *kairós* no es otro tiempo, sino solo un *chronos* contraído y abreviado" (2006: 73). Agamben basa su punto de vista en la definición de *kairós* que se encuentra en el *Corpus Hippocraticum*, la cual, traducida al castellano, afirma que "el tiempo [*chronos*] es aquello en lo que hay *kairós* y *kairós* es aquello en lo que hay poco tiempo [*chronos*] (2006: 73). Por otro lado, el *kairós*, también puede considerarse como la forma de tiempo que media entre el tiempo cronológico y la eternidad del *aión* (Serna 2009: 44).

cunstancias externas y las disposiciones internas, lo físico y lo psíquico, el afuera y el adentro [...] El kairós es la ocasión adecuada, la coyuntura propicia, pero ¿para quién y para qué es "adecuada" o "propicia"? Es adecuada para la decisión, es propicia para la acción. Por eso decíamos que el kairós no es un simple estado de cosas ni una simple disposición del ánimo, sino el cruce entre ambos [...] El kairós exige de nosotros una acción sin ley o medida común con ninguna otra, esto es, una acción única e irrepetible, que es siempre como un salto en el vacío, como un reto a la suerte y al destino. No hay en esto aprendizaje posible: cada acción es siempre la primera y la última (1991: 60-68).

Harald Weinrich también incide en la importancia del término *kairós* para la medicina grecorromana. Hipócrates y Galeno lo utilizaban para designar el momento fugaz en el que un tratamiento médico es apropiado y decisivo (2008: 91). El médico, por tanto, ha de ser capaz de reconocer el *kairós* y actuar cuando este es propicio para cambiar el rumbo de la línea del tiempo cronológico. Más allá de este ámbito, Cicerón hablaba de la ocasión (la versión romana del *kairós*) como el periodo temporal apropiado para actuar (Weinrich 2008: 91). Es decir, un tiempo cuantitativamente breve con la capacidad de tener un impacto cualitativo duradero.

El ya mencionado Weinrich (2008) y Giacomo Marramao (2008), retomando un texto del lingüista francés Émile Benveniste, defienden que el sentido original del término romano *tempus* es una abstracción que no procedería del griego *chronos*, sino de *kairós*, el cual, a su vez, habría surgido de la raíz indoeuropea 'krr-', asociada al verbo *keránnymy* que significa mezclar o diluir, cuyos ecos aún resuenan en palabras del castellano actual como sincretismo o discriminar. De este modo, *kairós* pasaría pues a indicar también una visión del "tiempo oportuno de la templanza, de la mezcla propicia, del encuentro y la tensión productiva entre energías y potencias distintas" (Marramao 2008: 15).

Esta confusión entre *kairós* y *chronos* también tuvo lugar en el ámbito de la iconografía. *Kairós* fue un motivo popular en la antigüedad. Su representación tradicional, tal como se puede ver en las versiones que a día de hoy se conservan del bronce del escultor griego del siglo IV a.C Lisipo (fig. C), es la de un joven desnudo, de pies alados y calvo a excepción de un mechón de pelo que le cae por la frente. Este atributo simboliza el hecho de que la oportunidad sólo puede ser aferrada cuando se aproxima desde el pasado pero que resulta imposible hacerlo cuando ya nos ha alcanzado. Las representaciones del *kairós* también suelen portar una balanza en la mano izquierda hacia la que apunta con su índice derecho, sugiriendo que lo que se que haga ahora puede cambiar el equilibrio de las cosas. Sin embargo, tal como explica Erwin Panofsky en su célebre ensayo "El Padre Tiempo" (2006), la identidad y la representación del *kairós* y sus posteriores variaciones romanas fueron perdiendo su independencia a partir de la Edad Media, diluyéndose en la personificación de Fortuna, mientras que la iconografía del tiempo, por la gran similitud fonética, adquirió los atributos y el trasfondo mitológico de *Kronos/Saturno*. Como consecuencia, la iconografía preponderante del tiempo en la modernidad, tomada directamente del titán primigenio griego, pasó a ser la de un anciano barbado portador de una guadaña o una hoz que devoraba a sus vástagos, tal como muestran los famosos lienzos de Rubens y Goya.

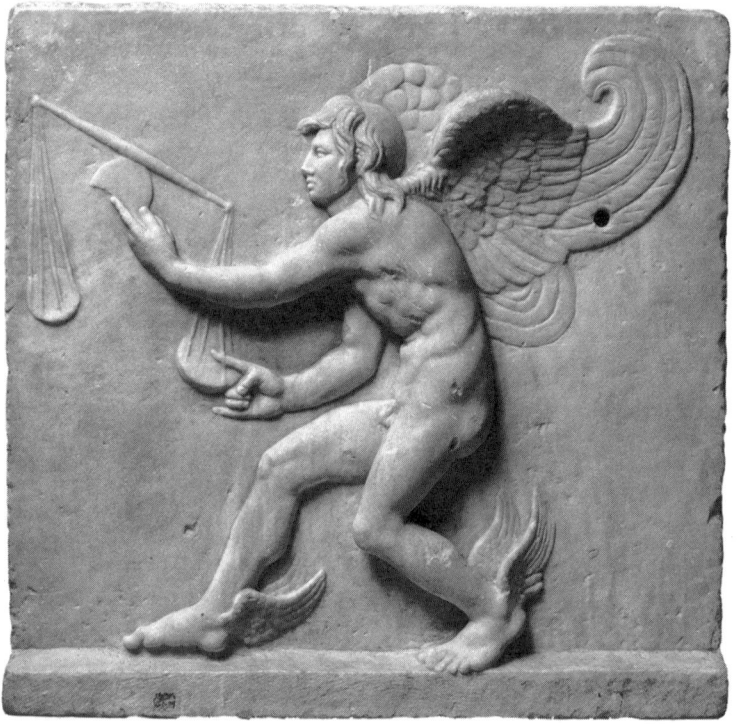

Fig. C - Relieve en mármol de *kairós* inspirado por Lisipo (s. II a. C.)

En el ámbito del arte contemporáneo el concepto de *kairós* no es especialmente popular, pero algunos artistas lo reivindican como la idea que vertebra ciertas propuestas que buscan ofrecer una particular vivencia del tiempo. El artista norteamericano Paul Chan, en un breve texto titulado "*A Time Apart*" (2013), defiende la existencia de dos tipos de arte en función de la experiencia del tiempo que ofrecen: el cronológico y el kairológico. Según él, ambos tipos de obras no se distinguen por los materiales empleados, sino por el modo en que afirman su mensaje. En sus palabras, las obras de arte kairológicas

encarnan una inmanencia desesperada, como si lo que ofrecieran no fuera lo suficientemente bueno pero tuviera que bastar. Aferran el tiempo como el pulso mantiene una canción, para evocar el sentimiento vertiginoso de ver algo que emerge al hacerse y deshacerse en el mismo momento. Permanecen como experiencias gracias a no permanecer completas como formas. Irradian una profunda incompatibilidad entre lo que son y lo que querrían ser […] lo que las hace placenteras y vivas. Y así, sacan al tiempo fuera de quicio. […] Este es el motivo por el que raramente sirven de consuelo, como quizás el arte debería hacer […] Resultan, en última instancia, incómodas, funcionando como un recordatorio para cualquiera dispuesto a interactuar con ellas del poco tiempo que, a todos, nos queda, de todo lo que ha sido perdido, de lo cerca que está todo de desaparecer, de lo que se requiere para seguir adelante (2013: 55).

Esta extensa cita presenta a las obras kairológicas como aquellas que no ofrecen respuestas cerradas, sino que buscan abrirnos a una ambigüedad que incita a la exploración por parte del espectador. Chan pone nombre a las creaciones artísticas cuyo hecho diferencial es la inestabilidad e incapacidad para terminar de mostrar aquello hacia lo que apuntan su hecho diferencial. Unas obras que son medios, más que fines; destinadas, retomando la expresión shakespeariana, a sacar el tiempo de quicio. Cuñas de otro tiempo capaces de distender el nuestro y que, como el ángel de la historia benjaminiano, miran hacia lo pasado.

Un ejemplo de arte kairológico sería la serie de obras *The 7 Lights*, del propio Paul Chan. El conjunto de las mismas, cuyo título hace referencia a los siete días en los que según el Génesis el mundo fue creado, ofrece una experiencia que busca superar la linealidad cronológica del tiempo. Para ello, Chan recurre a videos cuyos contornos presentan distintas formas geométricas y diferentes colores de fondo que son proyectados en la pared, el techo o el suelo del recinto expositivo. En esas imágenes se ven siluetas de animales, personas y objetos, algunos estables y otros desplazándose a diferentes velocidades en direcciones que ignoran las leyes de la gravedad. *The 7 Lights*, en palabras de Daniel Birnbaum, "crea una atmósfera calmada y meditativa" en la que "el espectador es arrullado en un estado en el que el tiempo parece detenerse" (2013: 57).

Integrando todas estas perspectivas, se podría decir que el término *kairós* hace referencia a una vivencia intensa del presente en la que el ahora no se experimenta como un momento puntual y aislado, sino como una situación única, sujeta a influencias y condicionantes tanto por parte de lo ya ocurrido como de lo que pudiera estar por venir, de tal modo que el individuo siente que puede llevar a cabo una acción que afectaría de un modo significativo al curso de los acontecimientos. Sin embargo, de acuerdo a lo que hemos visto, para poder acceder a esta experiencia del tiempo será necesario abandonar esa abstracción cuantitativa que es el tiempo lineal y permitir que el tiempo presente se sature de *kairós*. Ciertas obras de arte podrían tener este efecto debido a particularidades formales relacionadas con la experiencia de lo temporal que ofrecen.

LA SATURACIÓN DEL INSTANTE

En las primeras páginas de *Ninfas*, Agamben hace referencia a la exposición de Bill Viola *Passions*, la cual tuvo lugar en el Getty Museum de Los Ángeles en 2003. Algunas de las obras que allí se presentaron compartían la circunstancia de estar basadas en pinturas occidentales del siglo XV y XVI: la *Piedad* de Masolino, el *Cristo escarnecido* de El Bosco o la *Dolorosa* atribuida a Dieric Bouts. Las obras, según Agamben, provocaban en los espectadores una sensación de "familiaridad y extrañamiento", pues "era como si al entrar en las salas de un museo donde se exponen las telas de antiguos maestros, éstas empezaran a moverse" (2010: 9). Pese a no pertenecer a dicho ciclo –fue presentada en el pabellón estadounidense de la Bienal de Venecia de 1995 como parte de la serie de cinco obras denominada *Buried Secrets*–, Agamben toma *The Greeting* como ejemplo de esta experiencia a medio camino entre la quietud y lo fluido.

Desde el punto de vista técnico y el de la experiencia que ofrece al espectador, *The Greeting* presenta una serie de novedades que habrían de ser adoptadas en *Passions* y otras series posteriores. En gran medida estas se han erigido en la seña de identidad del artista norteamericano. Dichas innovaciones abarcan aspectos tanto de su preproducción como relacionados con la tecnología empleada para la grabación de las imágenes, su edición y su posterior reproducción. Respecto a los primeros, esta fue la primera ocasión en la que Viola decidió contratar a actores profesionales, escribir un guión y diseñar los decorados del estudio de rodaje (fig. D). En lo que concierne a la grabación, Viola quería ofrecer el detalle, el colorido y la resolución de los grandes óleos renacentistas pero, al mismo tiempo, mostrar las imágenes de un modo fluido y dinámico sin las interrupciones y saltos que se observaban en obras anteriores como *Passage*. Para cumplir todos estos objetivos desarrolló una técnica que se convertiría en esencial para él: registrar imágenes con una cámara de 35 mm de alta velocidad (300 fotogramas por segundo), pasar el metraje a tecnología de video y proyectarlo a 30 imágenes por segundo. Es decir, grabación en formato analógico y transformación y edición en soporte digital. En el caso de *The Greeting*, el resultado es que el metraje original de apenas 45 segundos de duración se convierte en una obra de más de diez minutos que presenta una coreografía perfectamente ensayada con una nitidez y definición en la imagen que, en la década de los noventa, el uso exclusivo de la tecnología del video no hubiera permitido alcanzar.

Volviendo al texto de Agamben, este afirma que en *The Greeting*

cuando, llegados al final, el tema iconográfico ha sido recompuesto y las imágenes parecen detenerse, se han cargado en realidad de tiempo casi hasta el punto de estallar y es precisamente esta saturación kairológica la que les imprime una suerte de estremecimiento, que constituyen su aura particular (2010: 10-11).

Dicha saturación implica que "en cada instante, todas las imágenes anticipan virtualmente su desarrollo futuro y cualquiera de ellas recuerda sus gestos precedentes", hasta el punto de que se podría decir que esta obra y otros videos similares de Viola "no inscriben las imágenes en el tiempo, sino el tiempo en las imágenes" (2010: 11). La saturación kairológica parece ser el resultado tanto de lo que se muestra como del modo en que esto es mostrado.

A este respecto, si bien no recurre al concepto de *kairós*, la historiadora del arte Jean Wainwright afirma que lo que vemos en esta obra no es ni una traducción literal del episodio del evangelio de San Lucas ni del lienzo de Pontormo (fig. 4), sino una transferencia de la narración a un nuevo medio que la lleva hacia el futuro, sin que por ello deje de apuntar hacia el pasado (2004: 116). A esto añade que aunque

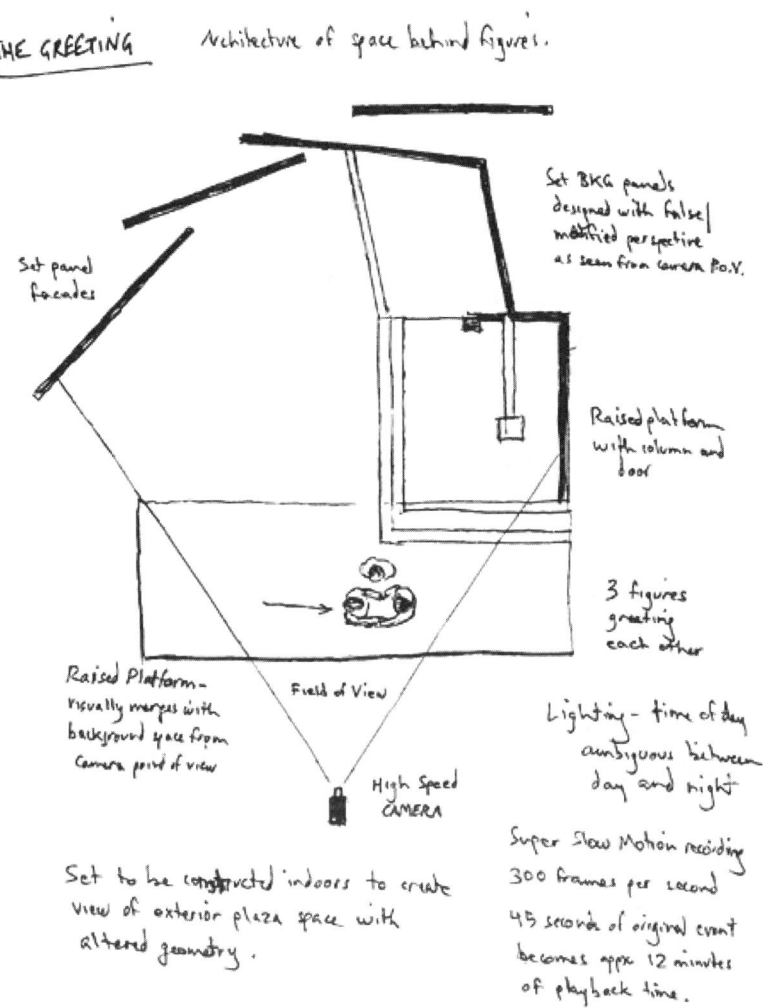

Fig. D - Diseño del set de rodaje de *The Greeting* (1995)

la obra parece cumplir la paradoja de Zenón hasta el punto de que cualquier momento puntual podría extraerse como una imagen fija equivalente a una pintura, simultáneamente subvierte totalmente la noción de tiempo como secuencia lineal del tiempo compuesta por momentos intercambiables (Wainwright 2004: 117).

Es decir, en *The Greeting* se produciría tanto una dilatación de un eje referencial que conecta el pasado y el futuro, como una profundización en los mecanismos de construcción del presente. El progresivo impacto de los diferentes aspectos va cargando a las imágenes de tiempo, según la fórmula de Agamben, y generando una saturación kairológica que alcanza su culminación en el instante final del video, con el cumplimiento de una referencia directa al lienzo de Pontormo.

En mi opinión, este aspecto kairológico es uno de los motivos por los que *The Greeting* y otras obras de Viola que ofrecen experiencias de la temporalidad similares resultan interesantes al público, pese a lo aparentemente simple de sus mecanismos técnicos y la sobreabundancia de la cámara lenta en el lenguaje audiovisual contemporáneo. En cierto modo, funcionan como antídotos, o más bien refugios pasajeros, contra el presentismo y la aceleración que caracterizan a nuestra sociedad; desafían el fin de la temporalidad tal como lo entiende Frederic Jameson (2003).[10] Sobre ello, Marramao afirma que "existe una específica patogénesis de la temporalidad inherente a la experiencia moderna [...] derivada de la desproporción entre la riqueza de posibilidades que el proyecto técnico-científico de dominio de la naturaleza [...] proporciona al individuo y la pobreza de su experiencia" (2008: 86). Debido a lo banal y lo pasajero de

---

10. Para Jameson el fin de la temporalidad es un suceso característico de nuestra sociedad postmoderna, que se caracteriza "por un dramático y alarmante encogimiento del tiempo existencial y por la reducción a un presente que apenas puede seguir siendo considerado como tal, dada la prácticamente total desaparición de ese pasado y futuro que se necesitan para definir al presente en primer lugar" (2003: 708)

estas vivencias, el hambre por lo novedoso no sólo no se sacia, sino que no deja de crecer, conllevando una aceleración en la que "el tiempo se escinde en una incesante proyección hacia el futuro y en una atrofia y museificación del pasado, que sustrae progresivamente al presente el espacio de su existencia" (2008: 86-87). Si en el *chronos* había poco *kairós*, en la aceleración no hay nada. El individuo se torna esclavo de un objetivo que nunca alcanzará pero en cuya persecución empeña lo pasado y renuncia al cuidado del presente.

Sea cual sea la tesis que consideremos que mejor expresa algunos de los males de nuestro mundo contemporáneo, lo cierto es que *The Greeting* parece ir contracorriente del tipo de experiencia temporal que nos rodea cotidianamente: ofrece una vivencia del presente tan rico que fascina al espectador, invitándole a detenerse y a tomar conciencia de aspectos que tiende a considerar irrelevantes. La obra funcionaría, al menos inicialmente, como un respiro –estéticamente atractivo gracias a la cuidada producción de la obra y a su tema de resonancias clásicas– de los ritmos de uso y consumo que, en el día a día, nos imponen la tecnología, los medios de transporte, los procesos socioeconómicos, las redes de comunicación o la industria del entretenimiento. Más allá de este primer impacto, nos ofrece un testimonio que no sólo hace perceptibles, sino que amplifica aquellos procesos afectivos que normalmente son casi instantáneos y que tendemos a considerar automáticos o, al menos, que juzgamos como intranscendentes por ser demasiado fugaces. Estos aspectos, junto con los otros elementos simbólicos operantes en la obra, serían los responsables de que la experiencia del tiempo se vaya saturando de *kairós*.

Sin embargo, retomando el artículo de Wainwright, el objetivo último de Viola con esta obra "no es una crítica de la percepción del tiempo en la modernidad, sino su sustitución por otra forma de experimentarlo" (2004: 119). Una idea similar a la que viéramos en la introducción expresada por Viola, cuando afirmaba que "tomar conciencia del tiempo te lleva a un mundo como proceso de imágenes en movimiento que encarnan el movimiento de la propia mente" (1995: 175). De esta experiencia del mundo, hablaremos en la siguiente sección.

EL PROCESO INAGOTABLE

Si asumimos que *The Greeting* busca mostrar el mundo como proceso, será necesario interrogarse sobre la construcción de esta experiencia del proceso y del cambio. Edmund Husserl será nuestro punto de partida. El filósofo alemán, impulsor del método fenomenológico,[11] fue uno de los estudiosos más relevantes de la temporalidad o conciencia del paso del tiempo. Desarrolló su análisis alrededor de una cuestión clave: ¿cómo experimentamos un suceso que está ocurriendo en el presente y como extendido en el tiempo? Dicho de otro modo, ¿qué mecanismos de la conciencia hacen que vivamos una canción o una película como algo que viene del futuro, dura en el presente y desaparece en el pasado?

Me centraré en un aspecto concreto de esta amplia y compleja problemática: las progresivas consecuencias de la cámara lenta en nuestra experiencia del presente. De un modo extremadamente conciso, presentaré algunos aspectos esenciales de la filosofía de la temporalidad de Husserl desarrollados en las *Lecciones de Fenomenología de la Conciencia*

---

11. La fenomenología, o 'ciencia de las esencias' es un método filosófico desarrollado por el filósofo alemán Edmund Husserl a inicios del siglo XX que ha dado pie a numerosas escuelas de pensamiento posteriores. En su decantación clásica, Husserl consideraba la fenomenología como el método que permite alcanzar el sentido de las cosas al vivirlas como fenómenos de la conciencia. El objetivo último es despojar a la mente de lo accesorio y que, partiendo de la subjetividad, esta pueda llegar a las cosas mismas. Este procedimiento tiene lugar mediante una sucesión de 'reducciones' -fenomenológica, eidética, y trascendental- destinadas a que la conciencia pueda llegar a percibir las correlaciones universales y a priori entre los objetos y su forma de percepción. Más allá de obras del propio Husserl como *Ideas relativas a una fenomenología pura y una filosofía fenomenológica* (2010) o *La idea de la fenomenología* (2012), una buena aproximación a este campo es *Introducción a la Fenomenología* (Patocka 2005).

Interna del Tiempo (2002), inicialmente publicadas en alemán en 1928, que considero pueden ser útiles para discutir *The Greeting* y otras obras de Viola.

Según Husserl, para percibir aquello que estamos viviendo como desplegado en el tiempo nuestra conciencia ha de desbordar lo inmediatamente presente. La conciencia ha de ser capaz de mirar simultáneamente a lo que está ocurriendo, a lo que acaba de ocurrir y a lo que va a ocurrir e integrar los tres aspectos. Es decir, han de existir procesos que confirmen aquello que intuimos: no experimentamos el tiempo como una sucesión de puntos aislados, sino como un tejido temporal que cambia constantemente. Pasando a un vocabulario más técnico, Husserl argumenta que nuestra experiencia temporal está formada por tres procesos: la impresión primaria, la retención y la protención. La impresión primaria está esencialmente relacionada con el ahora que estamos percibiendo, la retención con la experiencia presente de cómo lo vivido se va sumiendo en el pasado y la protención con la experiencia presente de anticipar lo que vamos a vivir. A cada momento, nuestra conciencia se dirige al mundo que nos rodea y lo 'temporaliza' mediante esta triple operación. Es decir, la labor integrada de estos tres procesos hacen que experimentemos el ahora como distendido y abierto tanto hacia lo apenas ocurrido como hacia lo que está por suceder. Ha de quedar claro que para Husserl no existe el presente puntual, aislado y únicamente concentrado en lo estrictamente inmediato, sino que siempre coexiste con el presente de lo pasado y el presente de lo futuro, de tal modo que lo que vivimos a cada momento está teñido y condicionado por lo que acabamos de experimentar y lo que creemos que va a acontecer.

A partir de este marco general, el biólogo y filósofo chileno Francisco Varela ha argumentado que los procesos mediante los que experimentamos lo futuro y lo pasado del presente son asimétricos: "Mientras los hilos de la retención crean el marco para la protención, ésta no puede modificar retroactivamente los hilos retencionales" (Varela 2000: 352).

Según Varela, la protención sería una apertura hacia lo indeterminado, hacia aquello que desborda lo predecible, algo que sentimos como a punto de manifestarse, y por tanto "proporciona el vínculo con el afectar o, más acertadamente, con alguna forma de auto-afectación" (Varela 2000: 352). Dicho de otro modo, la experiencia presente de nuestra anticipación del futuro es la fuente de la que emergen las dinámicas de afectos y emociones que condicionan el modo en el que percibimos tanto el presente como nuestras acciones. Esta circunstancia adquiere especial relevancia cuando lo que está teniendo lugar no discurre de acuerdo a nuestras expectativas o hábitos, pues el hecho de vernos obligados a interactuar con el mundo de una manera desacostumbrada "abre una colección de tonalidades afectivas: miedo, celos, rabia, ansiedad, seguridad de sí mismo, etc." (Varela 2000: 355). En esta misma línea, la filósofa Lanei Rodemeyer sugiere que "el contenido de lo esperado vivir en una experiencia coloreará tanto lo que serán las retenciones pasadas derivadas de las protenciones como las futuras protenciones" (2006: 143). Todos sabemos cómo cambia la experiencia del tiempo cuando anhelamos algo que no acaba de llegar y cómo influye esto sobre nuestro estado afectivo. No importa si estamos esperando algo bueno o algo malo. La incertidumbre cambia nuestra experiencia del tiempo y aguza la atención a cada detalle: nos abre al presente. Mejor dicho, nos abre en *el* presente.

¿Cómo aplicar estas teorías filosóficas a la experiencia de saturación kairológica que de acuerdo con Agamben nos ofrece *The Greeting*? Para responder a esta cuestión, abordaré el efecto conjunto del flujo temporal de la obra y la multitud de focos de interés que reclaman nuestra atención a cada instante.

La cadencia audiovisual de *The Greeting*, en términos generales, provoca que lo que anticipamos que va a ocurrir siempre llegue demasiado tarde y que, una vez lo ha hecho, tarde demasiado en desaparecer de la conciencia del ahora. Estas circunstancias implican que tanto la actividad protencional como la retencional se vean obligadas a trabajar a un ritmo desacostumbrado, lo cual, según la teoría de Varela, a su vez acarreará consecuencias a nivel afectivo. Barker apunta hacia este hecho cuando esgrime que "debido a la lentitud de eventos normalmente veloces, todo lo que ocurre se manifiesta como importante, simplemente por el hecho de que se le otorga una gran cantidad de tiempo narrativo" (2012: 91). Pero la experiencia del presente no es un proceso global nacido de todo lo que nos rodea a cada instante, sino que emerge a partir de nuestra conciencia de elementos puntuales. No vivimos lo presente a cada momento, sino a través de nuestra reacción a la palabra que sigue a la que acabamos de leer, a la posible caída del lápiz que rueda por la mesa o a la curiosidad sobre la identidad de la persona que nos ha escrito un mensaje cuya notificación acabamos de recibir en el móvil. Por ello, no es tanto el impacto general de la lentitud lo que experimentamos, sino el efecto resultante del desarrollo ralentizado de los numerosos matices sensibles que pueden llamarnos la atención a cada instante ante *The Greeting*.

Esos elementos cotidianos que experimentamos como responsables de saturar el tiempo de *kairós* tienen el potencial de convertirse en focos de interés debido a la velocidad desacostumbradamente lenta a la que discurren, pues cada uno de ellos revela de sí mismo mucho más de lo que podríamos percibir si los contempláramos en su fluir habitual. Y dado que gran parte de lo que vemos en la obra son procesos emocionales que normalmente dan forma a nuestras relaciones con el prójimo, lo que progresivamente irá manifestándose ante nosotros es la inmensa fracción subterránea de las dinámicas afectivas y sociales. Apoyándose en el vocabulario y las ideas de Varela, Hansen argumenta que "[Viola] expone al espectador a lo imperceptible: a increíblemente minúsculas variaciones en tonalidades afectivas que están mucho más allá de lo que, sin ayuda técnica, es observable mediante la percepción normal" (2004a: 264). Las consecuencias que tiene este desvelamiento de la ingente riqueza de lo emocional es que se produce "una especie de contagio afectivo a través del cual la conciencia, al ser puesta cara a cara con aquello que no puede percibir de un modo apropiado y que sin embargo constituye la condición necesaria desde la que emerge lo perceptible, sufre una profunda auto-afectación" (Hansen 2004a: 264). Es decir, la obra constituye una puerta de acceso a nosotros mismos: no podremos evitar empatizar con los sentimientos de las mujeres en la pantalla –contagiarnos– y que nuestras emociones se vayan 'acompasando'[12] con las de ellas. Los matices de las expresiones faciales, de las manos y de los brazos, las posiciones de los cuerpos y sus reajustes, serán esos elementos pasajeros que aquí devienen visibles, esas claves afectivas que pudieran parecernos irrelevantes porque normalmente se nos escapan a la reflexión consciente. Y, debido a su lentitud, nos sorprendemos a nosotros mismos reaccionando a estos elementos fractales, 'autoafectándonos'. Tienen la capacidad de ritmarnos y acompasarnos, tejiendo una red íntima y recíproca de afectividad que condiciona otras decisiones conscientes.

Al resonar involuntariamente con estos elementos que ahora tenemos el suficiente tiempo para ver, percibimos el modo en el que los cuerpos contribuyen a generar y dirigir el tono afectivo de toda interacción, cómo nuestros sutiles movimientos y ademanes detienen las reciprocidades de otros cuerpos y cómo las solicitan. El sustrato afectivo de lo temporal se revela infinitamente rico en matices y detalles en su tránsito hacia el pasado. Así podemos entender la afirmación de Hansen en la que defiende que "lo que la configuración de tiempo, imagen y cuerpo de Viola propo-

---

12. Entrecomillo el término 'acompasando' dado que quiero referirme al concepto de '*affective attunement*', traducido inicialmente al castellano como entonamiento afectivo. Este término, acuñado por el psicólogo David Stern Stern et al. 1985) para denotar los procesos recíprocos y autorregulados, comunes a todas las sociedades, mediante los que madre y bebé van alcanzando estados afectivos similares. Desde entonces la noción ha sido aplicada para el estudio de otros tipos de relaciones diádicas como la que se establece entre un terapeuta y su paciente. Este proceso de acompasamiento tiene lugar a través de aspectos como los sonidos, los gestos y los movimientos.

ne es precisamente la irreductibilidad, así como el privilegio, de la mediación corporal en la experiencia del tiempo como auto afección" (2004b: 590).

Esta sería una diferencia significativa, por ejemplo, con la obra de Paul Chan *The 7 Lights* o con las de Douglas Gordon, mencionadas en el capítulo anterior. Mientras que en la de Chan no hay cuerpos que veamos con suficiente detalle para que el del espectador se acompase y experimente una versión más dilatada y concentrada de las dinámicas emocionales que configuran la experiencia del tiempo, en las de Gordon, el tiempo parece demasiado lento, las imágenes demasiado desconectadas y el material demasiado popular como para que tenga lugar un contagio afectivo en vez de un análisis más reflexivo y consciente de lo que se está viendo. Quizá se podría establecer cierto paralelismo entre *The Greeting* algunas obras de la video artista islandesa Pipilotti Rist. En *Ever is Over All* (1997), Rist también ralentiza las imágenes que proyecta y nos muestra a una mujer cuyo aparente estado de ánimo y las acciones que lleva a cabo no terminan de encajar. Con ello nos da un mayor acceso consciente a nuestros estados emocionales y a las transiciones entre los mismos. Sin embargo, la obra de Rist adopta conscientemente una estética en lo sonoro y en las imágenes de video musical, lo cual, sumado a su breve duración –apenas cuatro minutos–, constriñe la experiencia del espectador en mucho mayor medida que la de Viola y con ello dificulta el desarrollo de una vivencia sobre la relación entre temporalidad y emociones de más calado.

Volveremos más adelante a discutir el rol del cuerpo del espectador en las obras de Viola. Por el momento quisiera destacar que la vivencia de lo afectivo como un proceso que desborda nuestra conciencia, mucho más sutil y complejo de lo que tendemos a asumir, es el correlato experiencial de la saturación kairológica que tiene lugar en las imágenes de *The Greeting*. Agamben argumentaba que esta y otras obras de Viola "no inscriben las imágenes en el tiempo, sino el tiempo en las imágenes" (2010:

11). Podríamos añadir que la experiencia de estas obras nos permite intuir la raíz afectiva de lo temporal en el nudo gordiano de la corporalidad. O, adoptando una idea de Natalie Depraz y Varela, intentar ir un paso más lejos y sugerir que *The Greeting* muestra que "lo afectivo *precede* a la temporalidad: lo afectivo implica por naturaleza una tendencia, una 'pulsión' y un movimiento que, como tal, *únicamente* puede desplegarse en el tiempo y, por tanto, *como* tiempo" (2005: 69).

En todo caso, y citando de nuevo a Hansen: "Viola demuestra que la técnica artística del video, lejos de ser un vehículo para la reproducción de la vida, es un mecanismo para exponer los correlatos de la vida" (2004a: 264-265). Es decir, las obras de Viola "como un camino de autoconocimiento" (Bernardini 2012: 15). En el caso específico de *The Greeting*, a medida que la conciencia sobrecarga la experiencia de retenciones y protenciones que se abren hacia remotos pasados e hipotéticos futuros y se va produciendo la saturación kairológica, nosotros sentiremos que en el presente siempre hay más tiempo, que siempre podemos hacer más con el tiempo, porque el tiempo, al final, lo hacemos a cada momento.

Un 'hacer más' que remite a la opinión de ciertos estudiosos de la producción artística de Viola, según la cual, sus obras casi siempre tienen que ver con una toma de conciencia, con una decisión respecto a la vida de uno mismo; es decir, una cuestión de tipo existencial (Mennekes 1999; Neumaier 2004). En el caso concreto de *The Greeting*, Viola ofrecería la irrupción en el tiempo acelerado del *chronos* de un suceso kairológico que permite intuir el presente como un tiempo en el que es posible una forma de comprensión y de acción reflexiva mediada por lo afectivo y así asomarse a las fronteras del tiempo de la vida. En palabras de Marramao, el *kairós*

es el único punto de intersección posible entre proyecto y realidad existencial o, si se quiere, en un sentido más amplio, es el ángulo potencial de convergencia entre dos dimensiones temporales que hoy aparecen dramáticamente separadas y enfrentadas: el 'tiempo de la vida' y 'el tiempo del mundo' (2008: 17).

Esta vertiente existencial de las obras de Viola es abordada de un modo aún más explícito en *Nantes Triptych*, la obra que se analizará en el próximo capítulo.

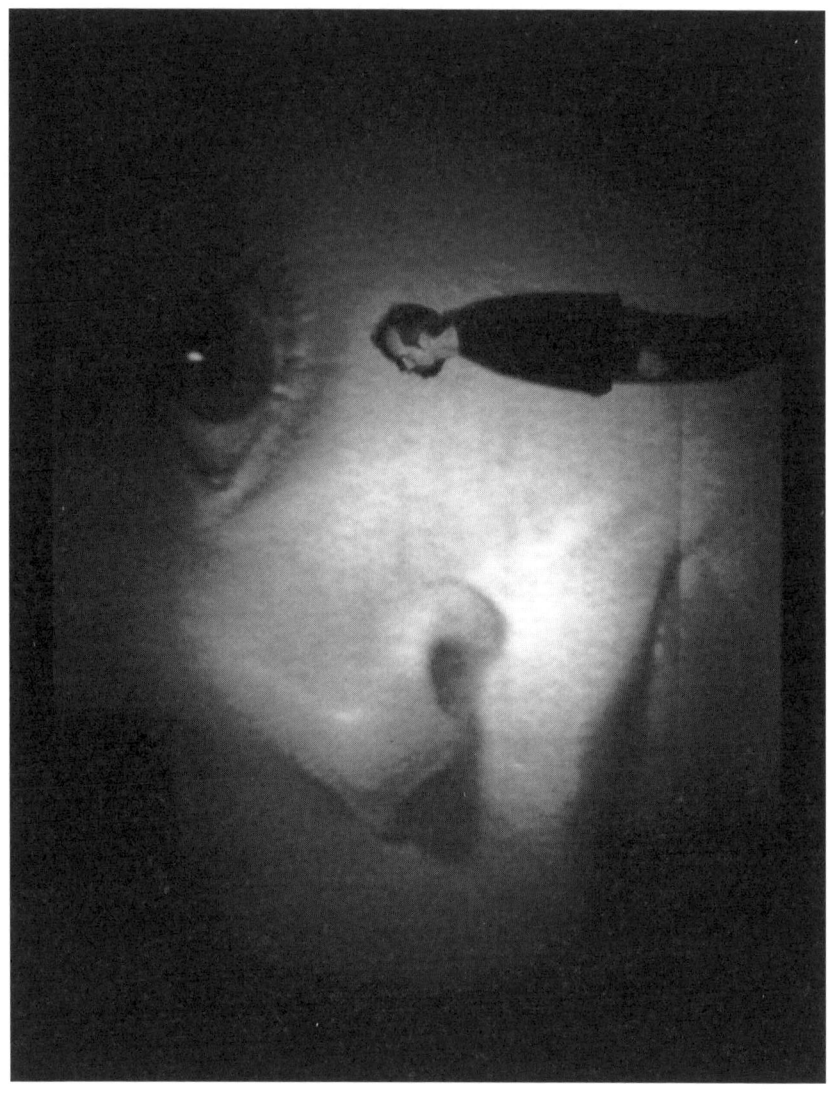

Fig. 1 - *Passage* (1987)

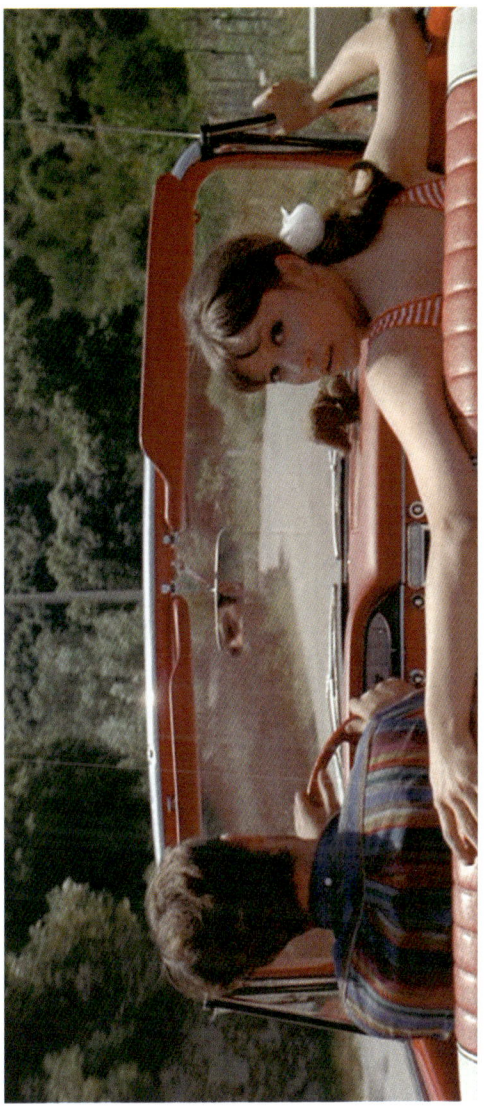

Fig. 2 - *Pierrot le fou*, Jean-Luc Godard (1965)

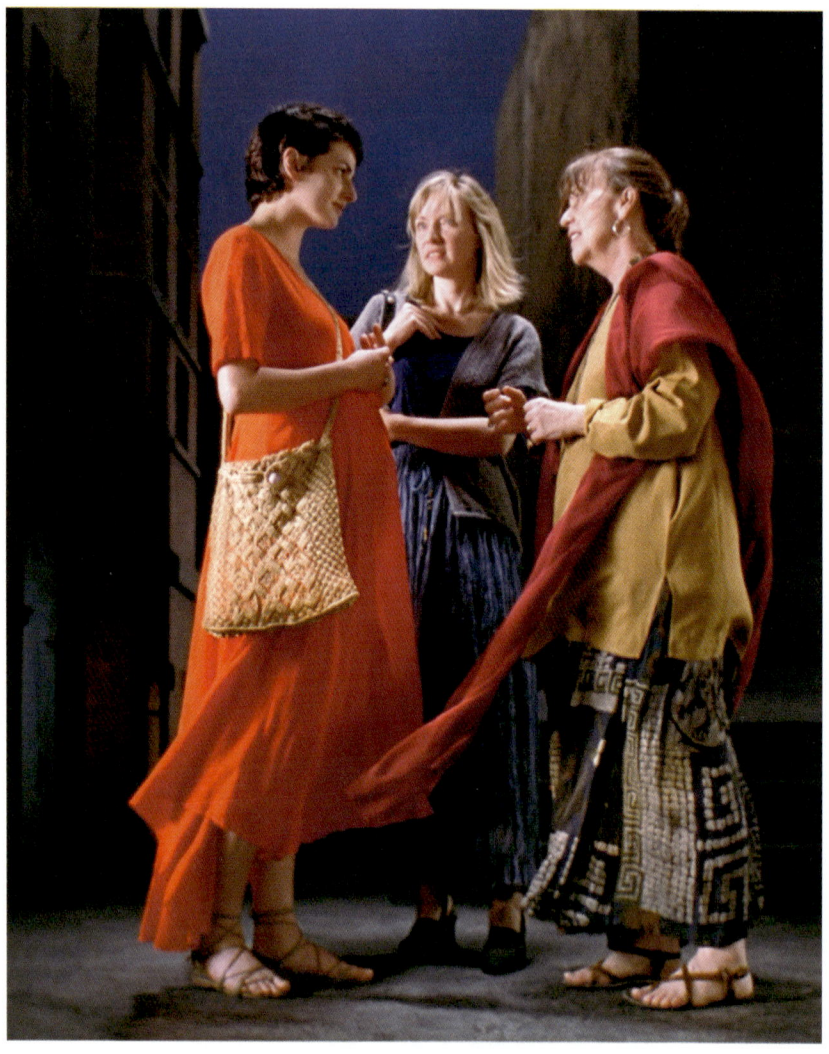

Fig. 3 - *The Greeting* (1995)

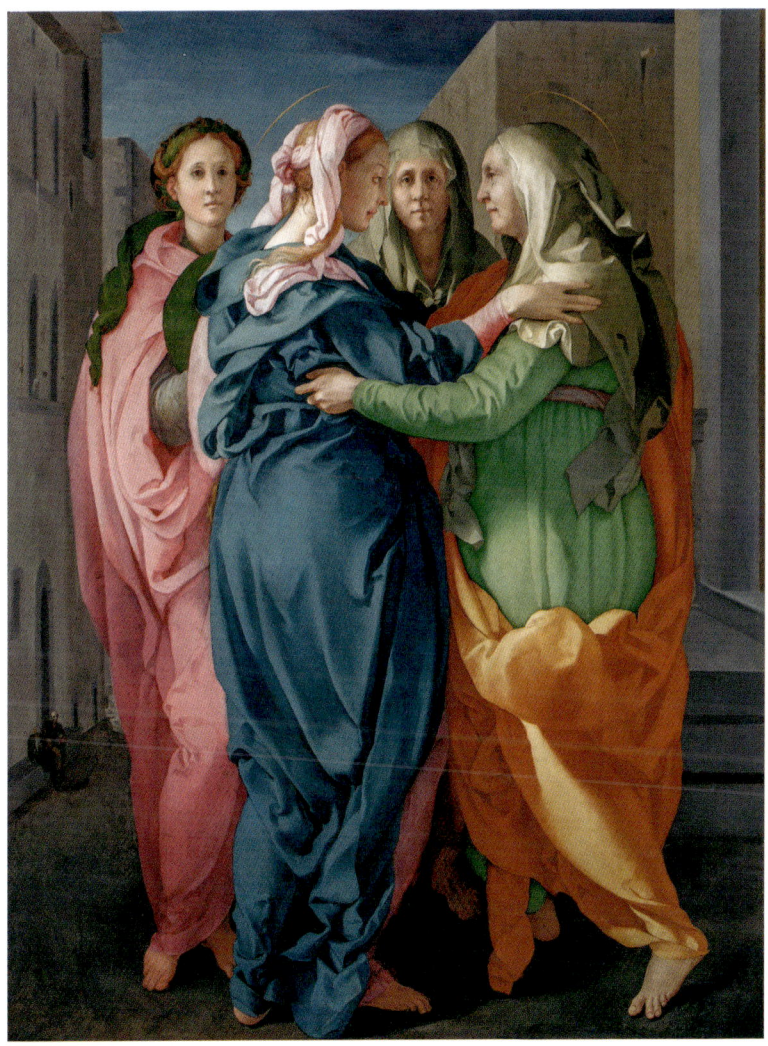

Fig. 4 - *Visitazione*, Pontormo (c. 1528)
Iglesia de San Miguel en Carmignano (Italia)

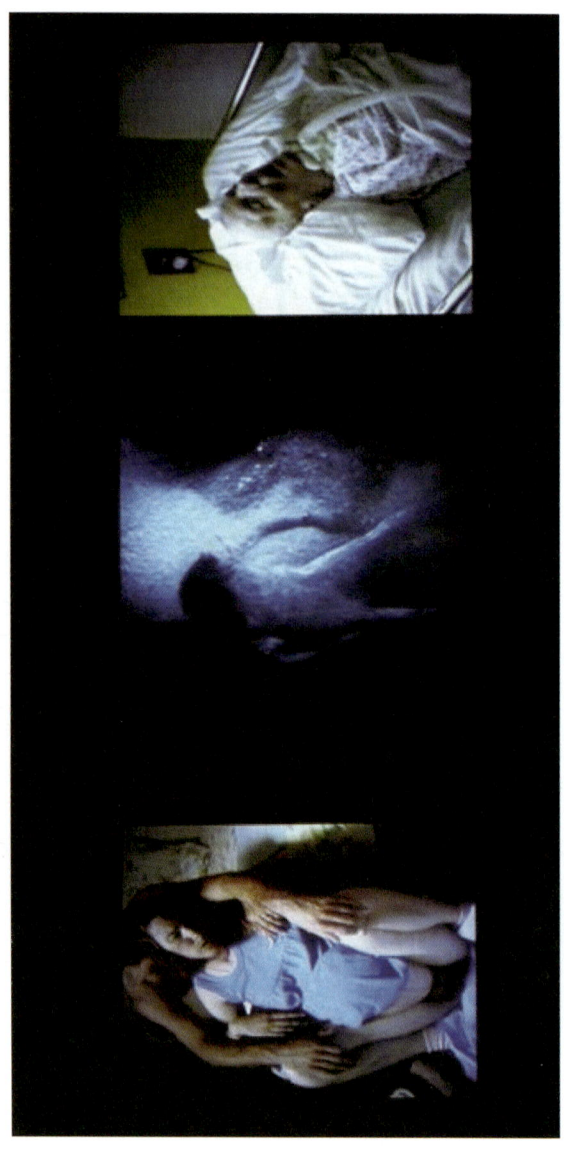

Fig. 5 - *Nantes Triptych* (1992)

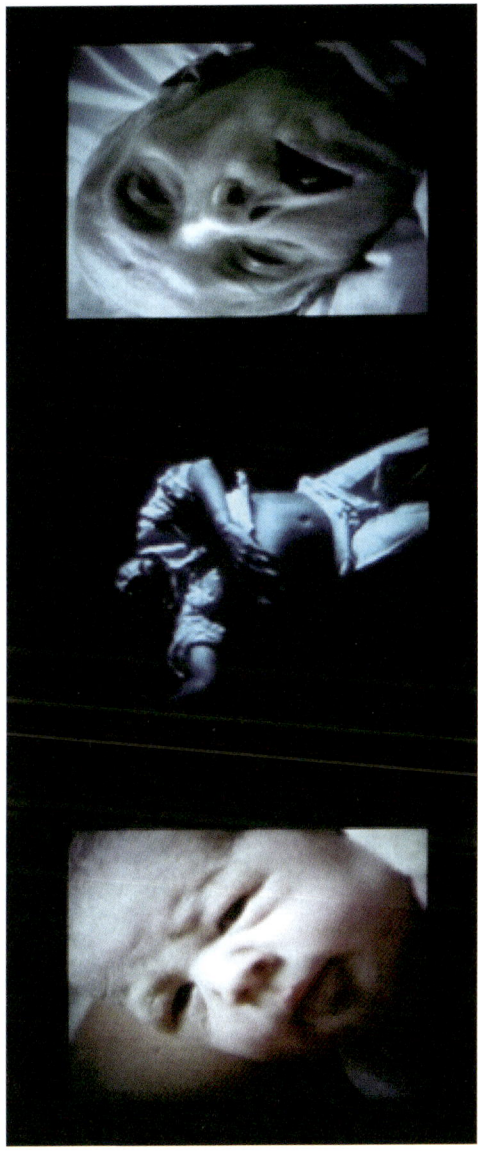

Fig. 6 - *Nantes Triptych* (1992)

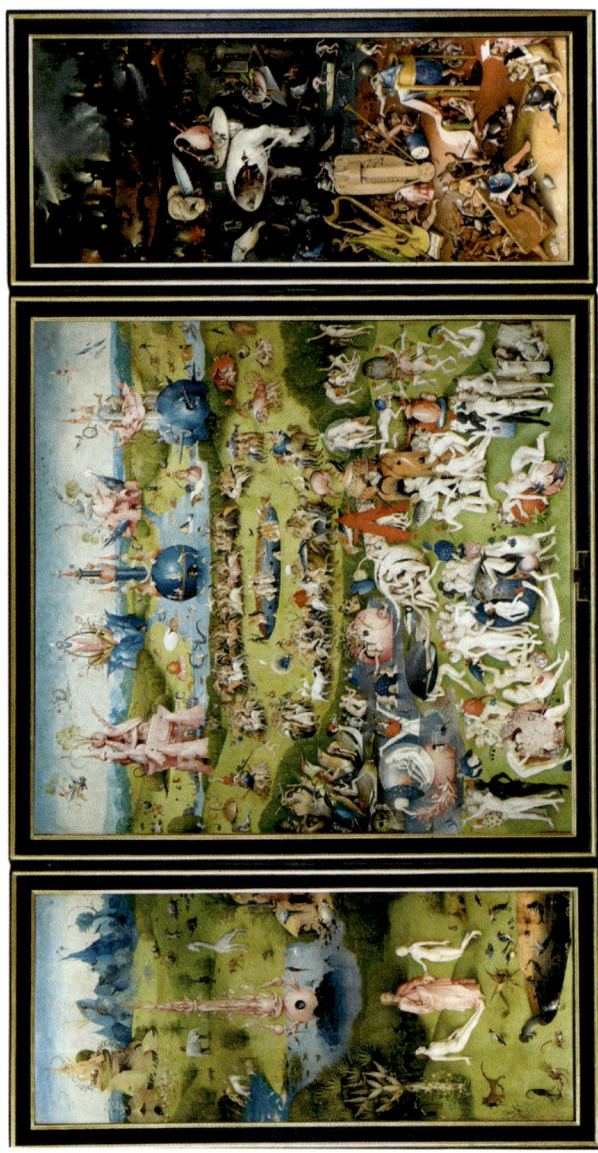

Fig. 7 - *El jardín de las delicias*, El Bosco (1500-1505)
Museo del Prado, Madrid

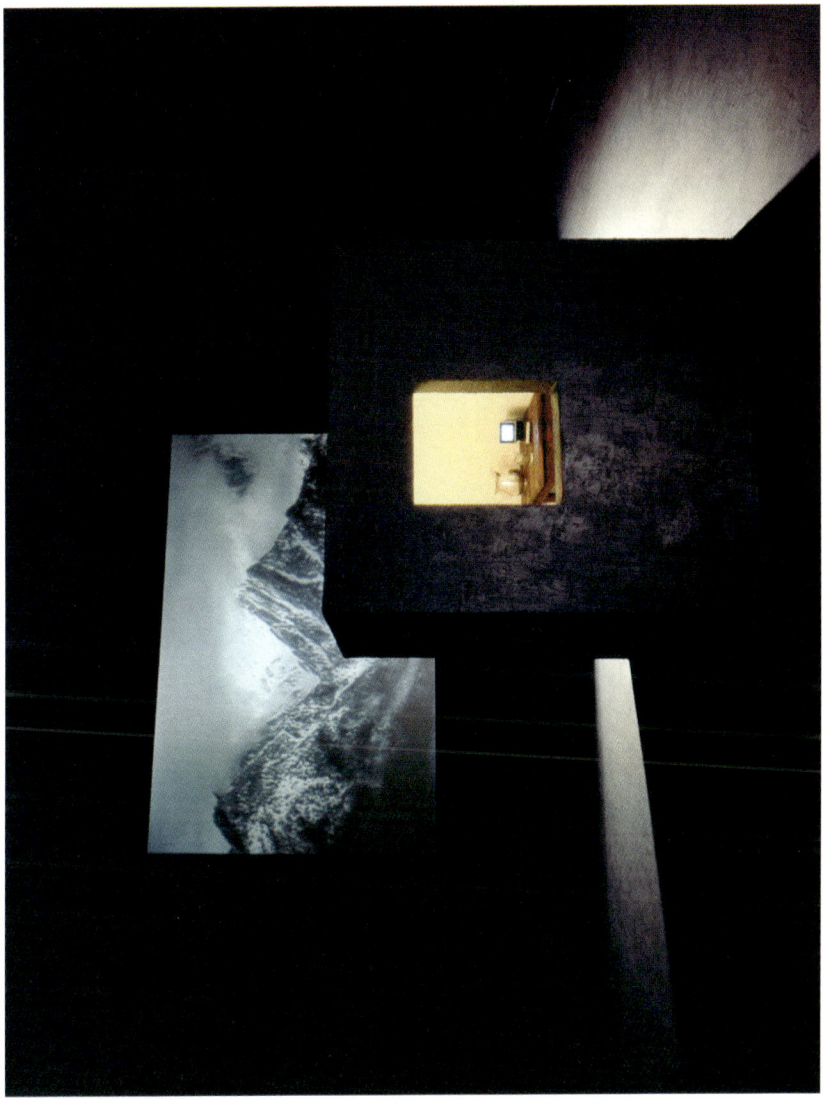

Fig. 8 - *Room for St. John of the Cross* (1983)

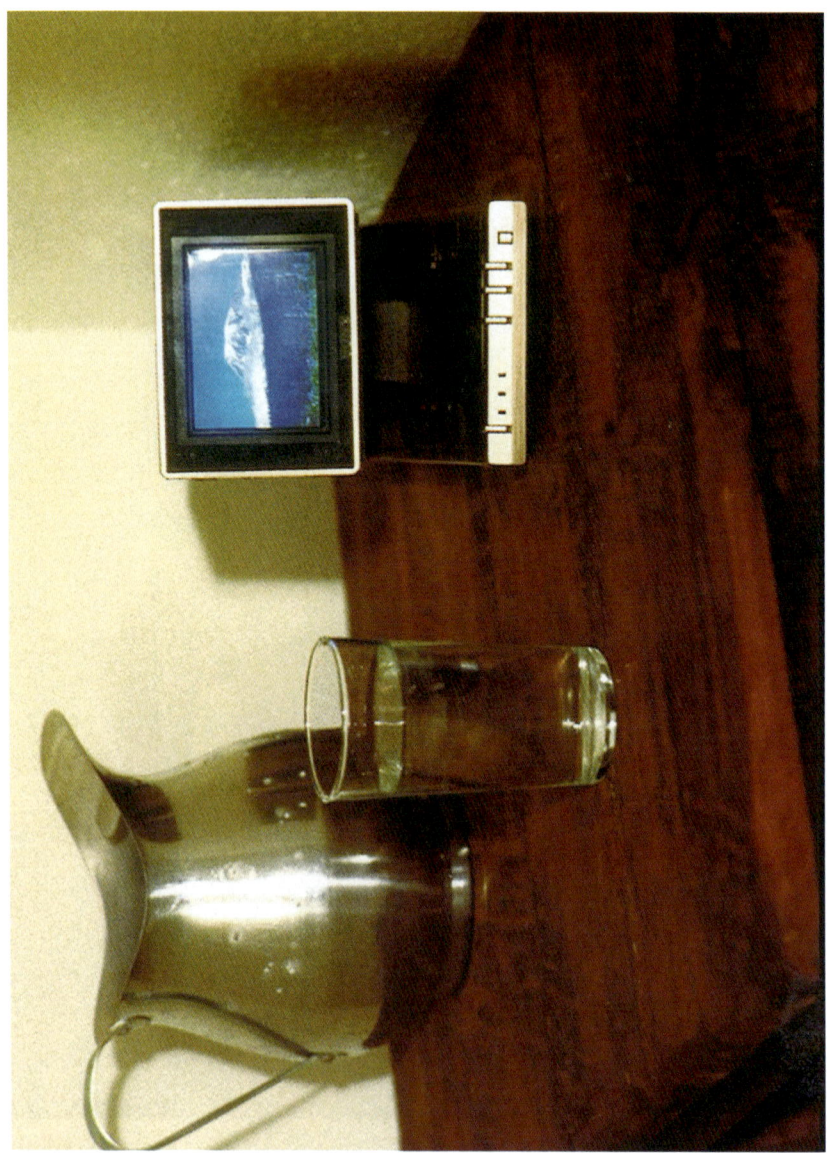

Fig. 9 - *Room for St. John of the Cross* (1983)

NANTES TRIPTYCH: LA EXISTENCIA DE UNA VIDA

Nantes Triptych es una video instalación compuesta por tres pantallas que conforman una superficie de proyección total de unos diez metros de ancho por tres de alto. Sobre cada una de ellas se proyecta un video acompañado de su propio sonido. Las tres grabaciones están editadas para empezar y acabar a la vez y tienen una duración de unos treinta minutos.

En el lado izquierdo se muestra a una mujer dando a luz. Al principio, la vemos en cuclillas, acompañada por un hombre que le habla y en ocasiones le coge la mano. Después aparecen dos comadronas. Somos testigos de todo el proceso del parto: gritos, hondas inspiraciones, esfuerzos y la cabeza del recién nacido que va emergiendo. Finalmente, este le es entregado a su madre y la cámara pasa a centrarse en él. Vemos que abre los ojos. El video concluye con una imagen suya en brazos de la madre.

En el video de la derecha se proyectan los últimos momentos de vida de una mujer de avanzada edad en un hospital. Al inicio de la grabación, escuchamos su débil respiración mientras yace en la cama con la boca abierta. La cámara alterna primeros planos y otros generales. Hay algunos cortes entre ellos. Una persona vestida de negro aparece por el lado izquierdo de la imagen. Toca la sábana, le coge de la mano, le limpia los labios, vuelve a coger su mano. Un plano de sus ojos que se abren lentamente. Su respiración se va entrecortando, se va volviendo cada vez más débil; hasta que, finalmente, se detiene: la mujer ha muerto. El video concluye con una imagen silenciosa de su rostro sin vida.

En la pantalla central, de una anchura netamente superior, se suceden cinco grabaciones, distintas pero relacionadas entre sí. Todas ellas nos muestran a unas figuras humanas que se encuentran flotando en lo que parece ser un medio marino. Las imágenes, de un color gris azulado casi en blanco y negro, son traspasadas por unos reflejos de luz que se filtran desde una superficie que no vemos. Los sonidos son los de la respiración debajo del agua de cada una de las personas. Las figuras alternan momentos de quietud y de agitación. En los distintos videos siempre acaban saliendo de plano por distintas fronteras de la superficie de proyección: nadando o impulsadas por la corriente hacia el límite superior, hundiéndose, o saliendo por un lateral.

Vida, muerte y el esfuerzo de sobrevivir. Elementos reconocibles pero inconexos; universales pero privados. Y todo es más turbador aún porque las imágenes del nacimiento y la muerte son innegablemente documentales. Ante nosotros nacen y mueren dos personas reales –la mujer que se apaga es la propia madre de Viola–. Huele a hospital, a cuerpo que se rasga y a cuerpo que se consume. Se siente el dolor que requiere que uno venga a este mundo; se siente el dolor que nos deja quien se va de este mundo (fig. 5). *Nantes Triptych* abarca la vida: es la vida. Aquí el tiempo no está ni dilatado ni fracturado en su presentación y sin embargo la mirada captura el horizonte máximo de cualquier existencia. Nosotros también hemos comenzado y terminaremos de un modo similar a lo que ahora estamos viendo. Y, mientras tanto, no hacemos sino existir inmersos en esa corriente marina. Dejar de nadar significa hundirse.

LOS LÍMITES DE LA EXISTENCIA

Analizaré *Nantes Triptych* a partir de la filosofía de Martin Heidegger expuesta en *Ser y Tiempo* (2009). Considerando el tema de la video instalación de Viola, me centraré en el concepto de 'estar vuelto hacia la muerte' [*Sein-zum-Tode*]. A partir de ahí, veremos algunas de las características esenciales de la forma artística del tríptico y de sus posibles consecuencias sobre la experiencia del espectador. Para ello tomaré en cuenta textos de historiadores del arte, así como el análisis del tríptico que Gilles Deleuze elabora a partir de las obras de Francis Bacon. Por último, abordaré el panel central de *Nantes Triptych* de la mano de otros aspectos del análisis de la existencia llevado a cabo por Martin Heidegger.

El nacimiento y la muerte son el recuerdo y la anticipación imposibles: no existe la posibilidad de dar testimonio de ellos de primera mano. Son también lo que nunca vemos de la vida de los demás; incluso en una sociedad como la actual –profundamente sometida a la pulsión de grabar imágenes– muy pocos mostrarían un video de su propio nacimiento si de él dispusieran y aún menos compartirían un video de la agonía de un ser querido. El nacimiento y la muerte pueden considerarse como lo obsceno por excelencia. Y, sin embargo, *Nantes Triptych* nos enfrenta a ambos. Por ello es altamente probable que el espectador se vea, en un principio, más atraído hacia las pantallas laterales de la video instalación y hacia la búsqueda de un modo de reconciliar ambos sucesos. A este respecto, en su libro *Reasons for Knocking at an Empty House*, Viola afirma que "la finitud es realmente la esencia de lo que implica estar vivo. Un niño nace, e inmediatamente la mortalidad se crea ante sus ojos" (1995: 180). Existe una cercanía manifiesta entre estas palabras y la reflexión de Heidegger en la que afirma que "la muerte es una manera de ser de la que el *Dasein*[13]

---

13. En el seno de la filosofía de Heidegger el concepto alemán de *Dasein* es esencial. Debido a la multitud de sentidos que Heidegger le atribuyó y a la imposibilidad de englobarlos en una única palabra, a menudo se mantiene en las distintas traducciones de la obra a diferentes lenguas. El traductor al castellano de la versión de *Ser y Tiempo* que emplearé en este capítulo, explica así su significado:
   La palabra *Dasein* significa, literalmente, existencia, pero Heidegger la usa en el sentido exclusivo de existencia humana. Se la podría traducir, pues, por *existir* o *existencia*. Pero con esto se pierden todas las alusiones que Heidegger hace implícita-

se hace cargo tan pronto como él es. Apenas un hombre viene a la vida ya es bastante viejo para morir" (2009: 262). Ambos testimonios vinculan el nacimiento y la muerte como las dos fronteras ineludibles de la existencia e inciden en la necesidad de tomar en cuenta esta última como parte constitutiva del proceso de la vida.

La influyente y a menudo malinterpretada idea de 'estar vuelto hacia la muerte' acuñada por Heidegger no significa que debamos apresurarnos en avanzar haciaella, ni hace referencia a que tengamos que pensar sobre cuándo o cómo esta va a acontecer. Lo que Heidegger trata de mostrar es que no debemos rehuir constantemente a la muerte, pues estaríamos actuando como el niño que se tapa los ojos para hacer desaparecer lo que le aterra. El *Dasein* no debe ignorar ni encubrir la muerte: sólo abriéndose a ella se abrirá a "su *más propio* poder-ser, en el que su ser está puesto radicalmente en juego" (Heidegger 2009: 279). Únicamente proyectándose hacia la muerte –experimentándose como un ser que morirá– podrá comprenderse a sí mismo. Si no lo hacemos, estaremos viviendo de un modo impropio. Esta manera impropia de ser en el mundo es la que se trasluce cuando pensamos que la muerte es algo que siempre toca a otro, que a nosotros nos nos llegará, que nosotros siempre tendremos tiempo y que cualquier cosa va a ser siempre posible. Unas despreocupaciones que no son inofensivas. El olvido de la muerte conlleva un aplazamiento de lo esencial, una procrastinación irreparable: la pérdida de oportunidades de vivir. Es por ello que Heidegger afirma: "Adelantándose [a la muerte], el *Dasein* se libra de quedar rezagado tras de sí mismo" (2009:

mente a la etimología de la palabra: *Dasein* significa literalmente "*ser el ahí*", y por consiguiente se refiere al ser humano, en tanto que el ser humano está abierto a sí mismo, al mundo y a los demás seres humanos. Pero *Dasein* alude también, indirectamente, al abrirse del ser mismo, a su irrupción en el ser humano (2009: 452). Es decir, cada vez que se lea el término *Dasein* ha de entenderse que hace referencia al modo particular y único de existir del ser humano en el mundo. Y para comprender en qué radica el existir del ser humano, es necesario tomar conciencia de la muerte como aspecto esencial de la misma.

280). Si el sujeto obra de acuerdo a la inexorabilidad, finitud y completión de la muerte, lo que obtiene para sí, aunque pueda sonar paradójico, es un tipo de libertad.

Esta voluntad de afrontar la muerte como parte constitutiva de la existencia y de intentar aprehender algo que está llamado a escapársenos una y otra vez es lo que marca para Heidegger la diferencia entre el modo inauténtico y el auténtico de existir. El modo inauténtico (o cotidiano) es aquel en el que "cada cual es el otro y ninguno sí mismo" (Heidegger 2009: 147). Es un estado de pérdida de referencias existenciales en el que el *Dasein* no es más que el 'uno' [*Das man*]. En este modo inauténtico de existencia la muerte nunca nos toca de cerca. Cuando decimos que el que se muere es un uno cualquiera "la muerte es comprendida en tal decir como algo indeterminado que ha de llegar alguna vez y de alguna parte, pero que por ahora no está todavía ahí para uno mismo y que, por lo tanto, no amenaza" (2009: 269). La vivencia como 'uno' implica una distancia que imposibilita la transformación. El 'uno' jamás se vería afectado por *Nantes Triptych*. Sin embargo, lo que sí es posible es que quien se adentre en el espacio de la obra llegue ante ella como un 'uno' que piensa que la muerte es algo que aún no le incumbe, pero que las imágenes que allí se encuentre –el discurrir paralelo de un nacimiento y una muerte mostrados en toda su crudeza– le constriñan a replantearse su relación íntima con la muerte como un aspecto esencial de la vida (fig. 6).

Pero el modo auténtico de existir no es fácil de alcanzar y mucho menos de habitar. La muerte no suele ser experimentada como algo que influya en nuestra existencia. El mismo Heidegger reconoce que nunca terminamos de hacernos cargo de ella, porque estar vueltos hacia la muerte impone un peaje afectivo tal que nos obliga a regresar a la reparadora ignorancia de la inautenticidad. Según el filósofo alemán, todo comprender está teñido de una 'disposición afectiva' [*Befindlichkeit*] y la que se corresponde con hacerse cargo de la muerte es la angustia. Abrirse a la muerte, vivir su instancia sobre el presente, conlleva experimentar el angustioso telón que esta impone a nuestra existencia. No obstante, sentir esta angustia también tiene sus aspectos positivos, pues es lo que permite que el *Dasein* sea "libre para [las posibilidades] propias" (Heidegger 2009: 359). Mirar a los ojos a la muerte y asumir que forma parte del camino de la vida provoca que emerja lo esencial para el ser de cada uno, que se haga manifiesto y que nos veamos impelidos a abordar aquello que veníamos postergando.

¿Qué posibilidades abre esta concepción a la discusión sobre *Nantes Triptych*? De acuerdo con lo que hemos visto hasta ahora, Viola buscaría ofrecernos una experiencia de primera mano del vínculo entre lo temporal y lo afectivo. En este caso, del tiempo entendido como existencia. La mujer a la que se ve agonizar algún día seremos todos y cada uno de nosotros, incluido el recién nacido que acaba de nacer en el video de la izquierda. Tomando todo esto en cuenta, es probable que una experiencia continuada de los paneles laterales de la obra provoque algo similar a lo planteado por la filosofía de Heidegger: un volverse hacia la muerte en el que la angustia arroja luz sobre la existencia, impulsándonos a dejar atrás lo arbitrario, lo accesorio y los problemas banales, trayendo al primer plano los aspectos esenciales de la existencia humana. Todo palidece ante la llamada a aceptar la muerte como parte constitutiva de la vida. Desde este punto de vista, *Nantes Triptych* se convierte en una invitación a vivir más autóticamente. La propia forma del tríptico podría también jugar un papel relevante a la hora de dirigirnos hacia la búsqueda de soluciones.

EL TRÍPTICO ABIERTO

El tríptico es un formato artístico históricamente vinculado al ámbito devocional, público o privado, que alcanzó su máxima popularidad durante la Edad Media y el Renacimiento en el norte de Europa de la mano de pintores como Hugo van der Goes, Dirk Bouts, Matthias Grünewald o El Bosco (fig. 7). Klaus Lankheit defiende que su estructura subordina lo que se muestra en los extremos a lo representado en el panel central, el cual se erige en el foco de reflexión o devoción (1959). Sin embargo, cabe destacar que en los documentos medievales y renacentistas donde se mencionan este tipo de obras no solían referirse a ellas como trípticos, sino como pinturas con puertas, alas u hojas (Jacobs 2012: 3). Es decir, lo específico de las mismas sería el hecho de que se pudieran abrir y cerrar y no su estructura tripartita. Lo cual, dado que los paneles laterales que componen los trípticos suelen estar pintados por ambos lados, establece un nuevo eje jerárquico: una parte externa observable con las puertas cerradas con una iconografía más terrenal o física que protege o anticipa la interna, visible sólo cuando la obra se abre, generalmente con unas imágenes de temática más espiritual (Jacobs 2012: 9). Estas características hacen del tríptico un tipo de obra especialmente útil para "formular preguntas sobre las relaciones entre las representaciones a ambos lados de cada umbral y sobre cuán abiertos o cerrados se hayan estos umbrales" (Jacobs 2012: 9).

La forma del tríptico también puede tener un impacto en la experiencia del tiempo de los espectadores. El historiado del arte Marius Rimmele defiende que un tríptico es un objeto que

crea una sucesión de vistas en tiempo real. De este modo, como otros dispositivos de imágenes que han de leerse en una sucesión espacial –un pergamino, un friso, el interior de una iglesia– inevitablemente tiende a simbolizar este tipo de proceso temporal o al menos a sensibilizar al espectador hacia dicha dimensión temporal (2018: 44).

El tríptico, por tanto, debido a su estructura segmentada y dialéctica, condiciona la mirada y la conciencia del espectador. Shirley N. Blum ahonda en este aspecto cuando afirma que "en vez de ser inmediatamente obvia, la iconografía se desarrolla lentamente. El espectador debe moverse a través del panel central y luego los dos paneles laterales. Como en una iglesia medieval, la totalidad del pensamiento no se revela hasta que todas las partes han sido experimentadas" (1969: 4). Rimmele va aún más allá cuando argumenta que en los trípticos "tiempo y espacio están interconectados de un modo que hace virtualmente imposible lidiar con ellos aisladamente [...] Construcciones paradójicas del tiempo llevarán a espacios paradójicos y viceversa" (2018: 50).

Respecto a los motivos para recurrir al tríptico, Viola ha declarado:

> más allá de razones técnicas como el delicado equilibrio del número tres y su uso para contraste comparativo e interacción, tanto visual como temporal, en última instancia, mi interés en la forma del tríptico se debe a que este es un reflejo de la visión cosmológica y social del mundo –el 'cielo-tierra-infierno'– y su estructura tripartita es una imagen de la estructura de la mente y conciencia europeas. Estos aspectos pueden convertirse en energías activadas cuando se aplican a imágenes de naturaleza contemporánea (Viola 1995: 245).

Estas palabras indican que, cuando decidió adoptar este formato en *City of Man* (1989) y *Nantes Triptych*, Viola era, al menos hasta cierto punto, consciente de las relaciones que existen entre los distintos componentes de un tríptico, así como de su efecto en la experiencia.

El hecho de que numerosos artistas contemporáneos como Otto Dix, Mark Rothko, Louise Bourgeois, Andy Warhol o Francis Bacon hayan recurrido al tríptico parece sugerir que esta forma artística aún retiene

---

14. *The City of Man* es una video instalación de Bill Viola en la que recurre a una versión clásica del tríptico, llegando a encuadrar las tres pantallas con marcos de madera. La obra muestra en su superficie central -de un tamaño mayor que las laterales- una reunión en un ayuntamiento,flanqueada a la izquierda por imágenes luminosas de la naturaleza y a la derecha por la grabación de edificios ardiendo de noche.

algo de la potencia que le fue atribuida en el pasado. En el libro *Francis Bacon Lógica de la sensación* (2003) Gilles Deleuze desarrolla una compleja interpretación del tríptico, conectada con el resto de su producción filosófica. Argumenta que los ritmos existentes en la pintura adquieren en este formato tripartito una amplitud inusitada, desbordando los límites de la sensación y alumbrando en nosotros la impresión del tiempo (2003: 78). Deleuze parte de la idea clásica del tríptico como un formato pictórico que establece una relación específica entre sus elementos y la confronta con ideas que había explorado en sus estudios sobre el cine: "El tríptico es, sin duda, la forma bajo la cual se plantea más precisamente la exigencia siguiente: es necesario que haya una relación entre las partes separadas, pero esta relación no debe ser ni lógica ni narrativa. El tríptico no implica ninguna progresión y no cuenta ninguna historia" (2003: 75). Este punto de vista resuena con su argumento de la naturaleza irracional del intersticio que emerge en la imagen-tiempo. En el caso del tríptico, cada una de las tres imágenes provoca distintas sensaciones y en su conjunto no forman una secuencia lineal, sino una circulación de fuerzas. La relación que existe entre los distintos elementos en los trípticos de Bacon, expone Deleuze, es

un inmenso espacio-tiempo que reúne todas las cosas *pero introduciendo entre ellas las distancias de un Sáhara, los siglos de un Aión* […] los tres cuadros quedan separados pero no están ya aislados; el marco o los bordes de un cuadro no remiten nunca a la unidad limitativa de cada uno, sino a la unidad distributiva de los tres (2003: 88).

Las ideas de Deleuze, pese a que fueron desarrolladas a partir de las obras de Bacon, creo que pueden arrojar cierta luz sobre *Nantes Triptych*. El formato del tríptico adoptado por Viola ofrece al espectador una experiencia de la relación entre dos sucesos inicialmente antitéticos: el nacimiento y la muerte. La tensión que estos dos eventos ejercen entre sí, en tanto en cuanto polos opuestos de la existencia, carga de significado el que, a priori, es el lugar más relevante de la obra: la pantalla central. Es decir, los dos videos que se encuentran a los extremos, individualmente, tienen una enorme fuerza; pero, al presentarlos como los límites de la obra, también distiende el espacio-tiempo de la superficie central, que adquiere una mayor carga existencial de la que presentaría por sí sola.

En la obra de Stan Douglas *Der Sandmann* (1995) (fig. E), pese a ser una proyección de dos videos en una sola pantalla, podría producirse un efecto similar al de *Nantes Triptych*. Si en el caso de Viola la tensión entre los dos eventos existenciales es inmediatamente obvia y no es necesario recurrir a nada más que a poner las dos grabaciones directamente al alcance de la mirada del espectador, en el caso de *Der Sandmann*, Douglas nos presenta dos grabaciones de una especie de jardín comunitario –con un complejo trasfondo sociocultural y cultural lleno de referencias germanas (Birnbaum 2005: 15)– que transmiten las sensación de que entre ambas han pasado varias décadas. El movimiento de la cámara en los videos es un barrido sincronizado que provoca que en el medio de ambos emerja una brecha temporal de claro carácter intersticial que, al ir desplazándose, hace que lo nuevo 'borre' a lo viejo y, en un bucle continuo, que lo viejo reaparezca deshaciendo lo nuevo. Una polifonía temporal que revela el funcionamiento conflictivo de percepción y memoria.

Volviendo a *Nantes Triptych*, las escenas del nacimiento y la muerte generarían un intersticio que potencialmente comprende toda la existencia, y este *aión* –el tiempo de la vida o la eternidad para los griegos– circula, no a través de la sutura o brecha central como en la obra de Douglas, sino a través de todo el video central. El intersticio que nosotros teníamos que aportar de nuestras propias vivencias en el caso de *Passage*, en *Nantes Triptych* es un abierto conjunto de videos que hilvana el inicio y el fin de la vida. Las imágenes de personas sumergidas

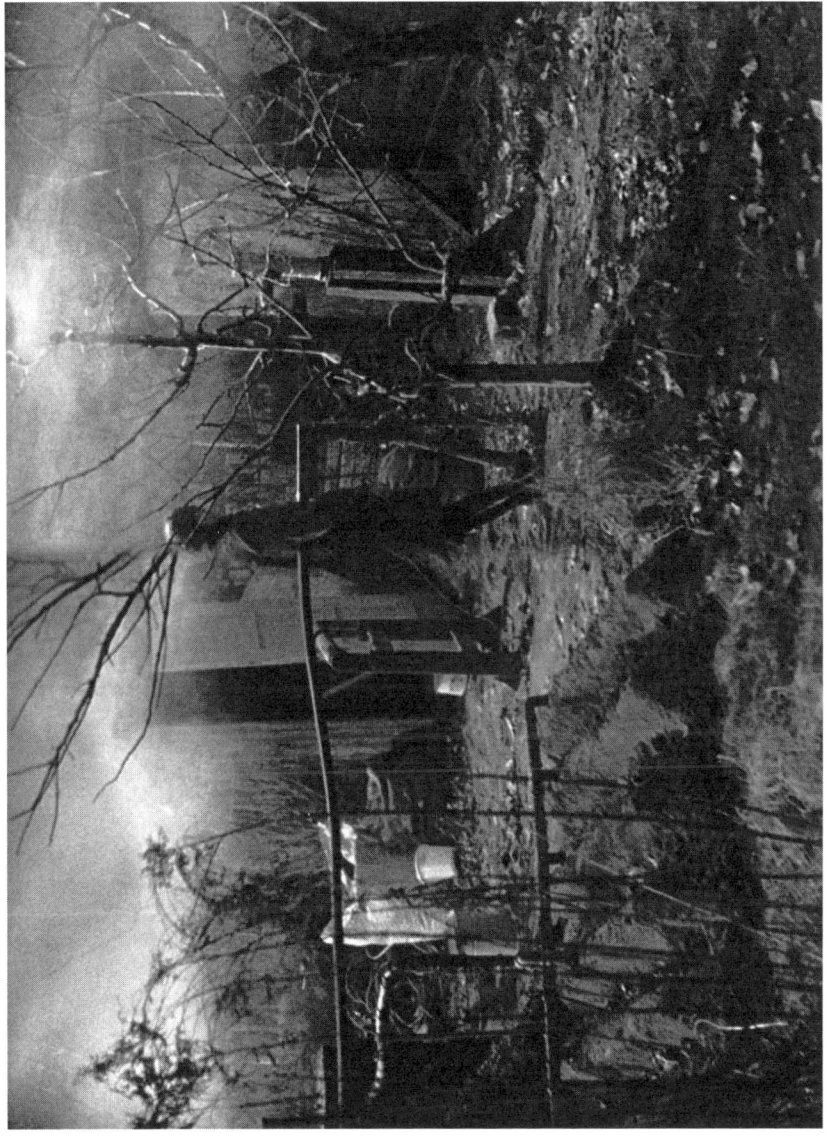

Fig. E - *Der Sandmann* Stan Douglas (1995)

pasan a significar la totalidad de la existencia: todo lo que ha sido, puede ser y será entre el nacimiento y la muerte. Lo acuático[15] es un elemento al cual Viola ha recurrido en numerosas ocasiones. En *The Reflecting Pool* (1977), una de sus primeras obras, ya está presente la figura humana que se sumerge en el agua. Más recientemente, en *Eternal Return* (2000) o *Five Angels for the Millenium* (2001) asistimos a reelaboraciones del motivo iconográfico de la persona sumergida. De hecho, algunas de las imágenes que se observan en *Nantes Triptych* ya habían sido utilizadas por Viola para *The Passing* (1991). En el caso de *Nantes Triptych* estas grabaciones adquieren una nueva dimensión bajo la influencia de las imágenes que la flanquean.

LA VERTICALIDAD HUMANA

Friedhelm Mennekes considera que las fronteras existenciales trazadas por los paneles laterales provocan que "solo haya dos direcciones para los

15. El elemento acuático en el que se encuentran inmersas las figuras del panel intermedio presenta una connotación metafórica que, si bien no agota el significado, tampoco puede obviarse: "En su fluir, el agua evoca el pasar del tiempo, tal como lo hace el medio líquido del color aplicado al lienzo, o, como Viola apunta, el fluir de los electrones" (Sossai 2012: 29). Resulta relevante la propia visión de Viola, quien ha afirmado: "El tiempo es el mundo invisible definitivo. Está totalmente a nuestro alrededor. Literalmente es nuestra vida. Vivimos en él como los peces en el agua, y sin embargo no podemos saborearlo, verlo, tocarlo u olerlo" (Gayford 2003: 24). En esa misma entrevista, Viola defiende que considera el agua como "el medio definitivo para las imágenes", pues "presenta una superficie vívida y cautivadora así como una oscura e incierta profundidad" (2003: 25). Continúa argumentando que en la prehistoria, al acercar su rostro al río para beber, el ser humano percibió esta capacidad del agua para mostrar imágenes de un modo determinado. Más allá de estos aspectos, Viola a menudo relata una experiencia de su infancia en la que estuvo a punto de morir ahogado, pero que, sin embargo, la vivió como un episodio de alto impacto estético: "No tenía miedo. Estaba siendo testigo de este mundo extraordinariamente bello con la luz que se filtraba… era como el paraíso. Ni siquiera sabía que me estaba ahogando… Por un momento era pura dicha" (Walsh 2003: 50).

movimientos en esta obra: hacia arriba o hacia abajo" (Mennekes 1999: 231). Como consecuencia emergería un nuevo eje, en este caso vertical, que vendría a sumarse al horizontal ya mencionado. Allí donde la dimensión horizontal estaría truncada por el carácter inicial y terminal del nacimiento y de la muerte, la vertical, al menos hasta cierto punto, estaría abierta. Dicho de otro modo, ya no estamos hablando únicamente de la linealidad de la existencia que se podría leer de izquierda a derecha como nacimiento, vida y muerte. También habría una verticalidad, simbolizada por las figuras sumergidas, las cuales encarnan diversas opciones ante la contemplación simultánea del inicio y del fin de la existencia. El visitante es impelido a identificarse con unos seres humanos que parecen pugnar por no ahogarse. Esta forzada vinculación entre espectador e imagen hace que los videos del panel central funcionen como lo que Viola denomina 'imágenes de poder'.[16]

Podría decirse que *Nantes Triptych* interpela a "sobreponerse el aparente sinsentido del mundo moderno y de la vida humana" (Mennekes 1999: 232). Esta idea, apuntada por Viola y concretada por Mennekes, nos lleva de vuelta a la filosofía de Heidegger. Tras la atracción inicial ejercida por las dos imágenes de los extremos y su correlato con la idea heideggeriana del estar vuelto hacia la muerte, la posibilidad que paulatinamente emerge en la experiencia de la obra es la de involucrarse con lo mostrado en la pantalla central: explorar el carácter existencial de su eje vertical. Más aún, después de haberse interrogado sobre las otras grabaciones, el espectador puede sentir que las figuras sumergidas en el agua ofrecen un

16. Sobre ellas afirma lo siguiente:
he descubierto que grabaciones directas y crudas en nuestro contexto actual pueden tener gran poder. Estas experiencias esenciales son universales, profundas y misteriosas, y permanecen como ecuaciones sin resolver en la sociedad contemporánea [...] Son misterios en el sentido más puro de la palabra, no se supone que hayan de ser solucionados, sino experimentados y habitados. Esta es la fuente de su conocimiento [...] Estas 'imágenes de poder' son como llamadas a despertar, y creo que hoy en día hay una necesidad de despertar el cuerpo antes de poder despertar la mente (Viola 1995: 250-251).

medio de autoexploración: que es ahí, en el terreno intermedio que se despliega entre el inicio y el fin de la vida, donde radica la clave de interpretación de la obra y de nuestra propia existencia.

En la superficie central se suceden cinco grabaciones de figuras sumergidas que presenten un elemento común: durante una extensión variable de tiempo todas muestran a sujetos pasivos que parecen resignados a ahogarse. Desde un punto de vista existencial estaríamos hablamos de sujetos que no luchan, que renuncian a hacerse cargo de su existencia; un *Dasein* que no es propiamente tal, sino que "está *disperso* en el uno y debe llegar a encontrarse" (Heidegger 2009: 148). Encarnan al *das Man* para el que la muerte era aquello que acontecía a los otros y la vida algo para lo que cree que siempre tiene aún tiempo. Esta renuncia a tomar cuidado de uno mismo conlleva a su vez un profundo distanciamiento de lo realmente importante, ya que "cuanto más inadvertido quede este modo de ser para el *Dasein* cotidiano, tanto más originaria y tenazmente opera en él" (Heidegger 2009: 146). Tomando esto en consideración podemos trazar un paralelismo entre este ser cotidiano que se observa en la pantalla central de *Nantes Triptych* y la propia existencia rutinaria del espectador situado ante la video instalación. Estas imágenes reflejarían el ser habituale del visitante que las observa, el cual normalmente vive sumido en la vida sin ser consciente de lo limitado de la misma y, de este modo, renunciando a tomar las riendas de la propia existencia. Esta sería una tendencia natural del *Dasein* cuando existe como *das Man*, eludiendo responsabilidades, escabulléndose de la toma de decisiones relacionadas con la propia existencia y, en definitiva, viviendo más despreocupadamente la vida cotidiana (Heidegger 2009: 147).

En este eje vertical, las figuras que se hunden encarnarían el modo de ser inauténtico del *das Man*. Debido a su fuerza y al contexto ofrecido por las imágenes laterales, es posible que el espectador se indentifique con estas. Forzados por las rígidas fronteras del nacimiento y muerte, pareciera que son esos seres humanos encerrados en un mundo subacuático, grisáceo y pleno de luces y sombras, los que tienen que buscar un modo de escapar, cuando, en realidad, es el que está ante la obra quien pugna por buscar una salida. Quizá por eso hay investigadores que afirman que "el panel central de *Nantes Triptych* apunta a algo más: un ahogarse, más que físico, metafísico […] Lo que vemos en estas escenas, quizá, es un ahogamiento del alma" (Elmarsafy 2008: 135). Y ante ese ahogamiento, que es tanto ajeno como propio, las grabaciones proyectadas en el centro del tríptico recogen y exponen todo un abanico de diversas reacciones. Hay figuras que, súbitamente, tratan de desembarazarse de sus vestimentas; las hay que bracean como si algo les hubiera sobresaltado; incluso hay una concreta que, en un momento dado, extiende un brazo hacia el lugar en el que se encuentra el visitante, como si nos pidiera que le cogiéramos de la mano y le sacáramos de la corriente. Una llamada repetida y directa a despertar del olvido existencial. Una acuática 'imagen de poder' que nos pide que aferremos el *kairós* y nos hagamos cargo del rumbo de nuestra vidal.

Por último, dependiendo de nuestras preocupaciones o de lo que en ese momento nos afecte más profundamente, *Nantes Triptych* ofrece la oportunidad de integrar los distintos elementos y episodios que componen la obra de diversos modos. En palabras de Maria Rosa Sossai, las escenas de esta video instalación

adquieren pleno significado en el momento que son interceptadas por la mirada del espectador, el cual al moverse de una a otra de las pantallas crea su propio montaje, por así decirlo, siguiendo una senda de sugerencias mediante la cual las imágenes se conectan a sus propias vivencias personales (2012: 21).

Nantes Triptych arma un doble eje de temporalidad horizontal y vertical. Dos dimensiones plenas de tensión debido a la angustia emocional que son capaces de transmitir al espectador. De un lado, la video instalación ofrece una contemplación imposible de la vida en la que se experimenta el pasado más remoto y el momento futuro definitivo, creando con ello una profundidad de campo que abarca la totalidad de los límites temporales del ser humano. Del otro, desde una perspectiva más simbólica, empuja a que nos identifiquemos con las figuras sumergidas, invitándonos a hacer nuestras sus respuestas ante el hundimiento del que toman conciencia. Esta obra puede resultar aparentemente simple y poco innovadora en tanto en cuanto recurre a una forma artística originada en la antigüedad, pero tremendamente ambiciosa en términos de la experiencia que plantea al espectador: una contemplación global de la existencia humana que permite la reflexión y una toma de conciencia activa.

ROOM FOR ST. JOHN OF THE CROSS: EL PRESENTE VIVO

La video instalación *Room for St. John of the Cross* ocupa un espacio de unos siete por nueve metros de superficie y cuatro de alto. Al adentrarse en ella uno se encuentra inmediatamente rodeado por un estruendo de tormenta y ruido blanco. Ese incómodo rugido parece estar relacionado con las imágenes que ocupan casi la totalidad de una de las paredes: una sucesión de videos en blanco y negro, grabados cámara en mano, que muestran imágenes espasmódicas, nerviosas y, por momentos, desenfocadas de montañas nevadas y de cielo. El otro punto de atención que destaca en la oscuridad de la sala es un cubículo exento de metro y medio de lado y metro ochenta de altura que se encuentra en la parte central del espacio. A través de una pequeña abertura en una de sus gruesas paredes se puede llegar a ver un suelo cubierto de tierra y una mesa de madera con una jarra, un vaso con agua y un pequeño monitor que muestra un plano fijo en color de una montaña solitaria. Si el espectador se acerca lo suficiente a la abertura percibirá una voz en castellano proveniente del interior de dicho espacio, apenas audible, que recita poemas de San Juan de la Cruz.

Room for St. John of the Cross no se contempla, se explora (fig. 8). No hay ninguna imagen humana. El único cuerpo que participa de la obra es el nuestro. Y sobre él y sobre nuestra mente incide la obra: ruido y furia –propios de una inhóspita naturaleza– que inundan el amplio perímetro de la sala; la postura incómoda que nos vemos obligados a adoptar para

89

agacharnos y asomar al interior del espacio central; el anhelo de introducirse por ese vano imposible y sentarse en el centro de esas palabras que calman la tempestad; la paradoja de saber que ese espacio tiene las medidas de la celda en la que San Juan de la Cruz fue torturado durante nueve meses y donde, aún así, compuso algunos de los poemas que ahora oímos; la relación entre las enormes e inestables montañas de la cordillera externa y la solitaria y quieta cima de la minúscula pantalla interna.

Room for St. John of the Cross es la experiencia de varias tensiones dialécticas irresolubles. Una multitud de anzuelos sensoriales y simbólicos que tiran de nuestra atención y de nuestras emociones sin poder llevarnos nunca a conquistar la quietud. Nos hallamos ante una obra que hay que desentrañar y desvelar. Un espacio que obliga a reflexionar sobre la capacidad de la conciencia para erguirse en el presente y liberarse de las penalidades de lo sensible, de los estrictos límites del aquí y del ahora. *Room for St. John of the Cross* como recinto dentro de otro recinto; como mente en el cuerpo. Una insistente invitación a explorar el centro de nosotros mismos. Un centro que no está vacío, sino lleno de tiempo.

De lo estético en la experiencia

La teoría estética desarrollada por John Dewey en *El arte como experiencia* (2008) será el punto de partida para analizar la obra de 1983 *Room for St. John of the Cross*. Más concretamente, creo que el concepto de ritmo desarrollado por Dewey puede resultar útil para comprender el modo en el que se van integrando diversos aspectos durante la experiencia de la obra. Posteriormente recurriré al análisis de lo temporal de Maurice Merleau-Ponty. El hecho de que ambos pensadores se cuenten entre las mayores influencias de recientes teorías estéticas que buscan otorgar relevancia a lo corporal y a lo activo, desarrolladas por investigadores como Maria Brincker en *The Aesthetic Stance - On the Conditions and Consequences of Becoming a Beholder* (2015) o Shaun Gallagher en *Performance-Art* (2021), me permitirá culminar este capítulo proponiendo una aproximación desde dicho ámbito a la obra que nos ocupa que, en cierta medida, podría aplicarse al conjunto de obras de Viola que hemos discutido.

En las primeras páginas de *El arte como experiencia*, Dewey defiende que el objetivo principal de toda teoría estética debería ser el de contribuir a "restaurar la continuidad entre las formas refinadas e intensas de la experiencia que son las obras de arte, y los acontecimientos, hechos y sufrimientos diarios, que se reconocen universalmente como constitutivos de la experiencia" (2008: 4). Estas palabras y el propio título del libro exponen dos aspectos esenciales de su propuesta. De un lado, que las obras de arte no son lo que estas tienen de material, sino nuestra experiencia del objeto artístico;[17] del otro, que las obras de arte ofrecen episodios concentrados y depurados de situaciones que experimentamos cotidianamente. Para llegar a entender más profundamente las dinámicas de la experiencia estética y el rol que en ellas juega el ritmo será necesario, por tanto, empezar desde el concepto general de experiencia.

Para Dewey experiencia es todo aquello que resulta de la interacción de un ser vivo con su ambiente. Y dado que cada individuo existe en un entorno y a cada momento estamos interactuando con dicho medio, constantemente estaremos teniendo experiencias (Dewey 2008: 15). En el caso del ser humano y de otros seres sociales el entorno no es exclusivamente material sino también social. Nuestros hábitos, costumbres e ideas forman parte del medio que nos rodea del mismo modo que el sol, una mesa o la comida; por ello ambos aspectos –material y social– se conjugan en nuestras experiencias. Dewey argumenta que la mayor parte del

---

17. Dewey lo explica refiriéndose al caso de la música: "En lo que respecta a una partitura musical; nadie supone que las líneas y las notas del papel son algo más que los medios gráficos de evocar la obra de arte, pero lo que es cierto de aquella es igualmente cierto del Partenón como un edificio" (2008: 122).

tiempo experimentamos dicho entorno de un modo irreflexivo e automático, reaccionando a él y actuando sobre él a través de hábitos. Como consecuencia, las experiencias se amalgaman entre sí sin permitirnos distinguir una de otra (Dewey 2008: 41). Tan sólo a veces ocurre algo que interrumpe dicha indiferencia, provocando que la interacción con el ambiente que está teniendo lugar, para bien o para mal, cobre relevancia y venga a primer plano: una cena en aquel restaurante, una discusión con un amigo, una tormenta aquel día paseando por el bosque. Dewey recurre al uso en cursiva del artículo indeterminado para referirse a estas experiencias que rompen las rutinas y destacan de entre otras interacciones cotidianas. Estas no serían experiencias genéricas, sino ejemplos de *una* experiencia.

Podremos hablar de *una* experiencia si dicha interacción presenta tres características esenciales: una cualidad que la unifique y nos permite identificarla y referirnos a ella, una estructura en la que se vayan sucediendo fases más activas con otras más pasivas cuyos efectos se vayan acumulando e integrando progresivamente y, por último, que lo vivido se experimente como una situación que sigue un curso que avanza hacia su cumplimiento, de un modo tal que su fin sea "una consumación, no un cese" (Dewey 2008: 41). Para Dewey, lo estético es, en primer lugar, esta fase final de *una* experiencia (Dewey 1950: 56). Es decir, toda experiencia que se distingue del flujo cotidiano de vivencias, si agota su curso completo, culminará en una fase estética. Lo que tendemos a llamar experiencia estética son "desarrollos cultivados intencionadamente de esta fase estética primaria" (1950: 56). La experiencia de una obra de arte, por tanto, sería una versión concentrada e intensificada de la dimensión estética que experimentamos en múltiples situaciones cotidianas.

Pese a que Dewey no lleva a cabo un análisis pormenorizado de ninguna obra de arte específica para mostrar las dinámicas propias de una experiencia estética, sí que menciona elementos puntuales para discutir aspectos particulares de las mismas. Los ejemplos a los que recurre dan fe de la universalidad y amplitud que perseguía con su concepto: arte rupestre africano, pintura paisajista china, arquitectura de la antigua Grecia, cerámica precolombina, poesía del Romanticismo, o pintura impresionista francesa. Algunos estudiosos de la filosofía deweyana han ido un paso más allá, defendiendo que la teoría de Dewey sigue siendo válida para productos culturales más recientes como la música vanguardista de John Cage (Jackson 1998), el arte conceptual (Ruoppa 2022) o los videojuegos (Bratkowski 2010).

Tener una experiencia estética implica sentir que la interacción ofrecida por los materiales y energías se va desarrollando progresivamente, encontrando resistencias y tensiones que generan un suspense, a las que uno se va sobreponiendo sin que se rompa la continuidad y unidad propias de este tipo de experiencias. La acumulación y progresiva armonización de estas fases activas y pasivas de la experiencia conllevará la paulatina anticipación de una resolución que colmará el sentido de la presente interacción. Un artista, independientemente del medio con el que trabaje, según Dewey, ha de perseguir ofrecer una versión lo más pura posible de esta tensión dialéctica entre orden y tensión, actividad y pasividad, o acción y padecimiento [*undergoing*] –como a menudo lo expresa Dewey (2008: 48)–. Para ello ha de ser capaz de experimentar este mismo proceso durante la creación de la obra (2008: 56). Ha de poder adoptar el rol de espectador cuando la observa y permitir que lo que experimenta desde esta perspectiva guíe el proceso de creación de la misma.

Empieza a dibujarse el modo en que el concepto de experiencia desarrollado por Dewey permite comprender cómo nos afectan las obras de Viola y, particularmente, *Room for St. John of the Cross*. Aún más claramente que en el caso de otras de las video instalaciones que hemos analizado, esta obra ofrece *una* experiencia al visitante. La distribución espacial, el modo en el que algunos aspectos de la obra sólo son perceptibles desde determinados lugares, la contraposición manifiesta entre elementos de calma y desasosiego, los aspectos simbólicos de las montañas que se ven en el espacio exterior y en el recinto interior, la capa de significado que aporta la relación explícita de la obra con la vida de San Juan de la Cruz. Todos estos elementos, de muy diversas maneras, dependiendo de los intereses del espectador, del modo en el que recorre la obra y de cómo reacciona a lo que va sintiendo y pensando a cada momento, tienen la capacidad de ir dando forma a una interacción con las tres características básicas que Dewey atribuía a *una* experiencia: unidad, estructura y culminación. Tomemos como ejemplo la narración que hace Jean-Cristophe Ammann de su interacción con la video instalación que nos ocupa:

> Recuerdo bien el *shock* que sentí cuando visité *Room for St John of the Cross* […] En el medio de la sala vi una pequeña casa de piedra con una única ventana, rodeada por temblorosas cordilleras de montañas, profundos barrancos y amenazadoras nubes. En esta casa había una mesa corriente, sobre la cual se hallaban una jarra de agua, un vaso y una pantalla. La imagen, en color, parecía quieta. Mostraba una meseta con suelo pedregoso y unos pocos árboles. Si uno metía su cabeza a través de la pequeña ventana, el ruido de la tormenta se desvanecía y se daba cuenta inmediatamente de que las hojas se movían plácidamente, casi de un modo imperceptible, en el viento […] Ese día no pude prestar atención a nada más […] Regresé a mi hotel atravesando las calles de Nueva York, que parecían haberse convertido en profundos barrancos precipicios y cadenas montañosas, llevando en mi corazón las hojas temblorosas de esa desolada pero majestuosa llanura (Viola 1995: 15-16).

En este testimonio, la experiencia tendría la cualidad unitaria del desasosiego o de la tensión entre la calma externa e interna (fig. 9). La estructura emergería en el contraste entre ambos elementos y la culminación sería la sensación duradera que le afectó durante el regreso al hotel.

Ciertamente, una experiencia estética tal como la entiende Dewey puede ser ofrecida por cualquiera de las otras obras de Viola que hemos mencionado. No cuesta mucho imaginarse alguien que considere la interacción con *Nantes Triptych* como una experiencia. Lo mismo ocurre con *The Greeting* o *Passage*. Y, potencialmente, con cualquier otra creación artística u objeto o situación que encontremos en nuestra vida. Lo estético, para Dewey, es un aspecto de lo cotidiano que en el arte es destilado y ofrecido con una intención aplicada por el artista durante el proceso de creación del producto artístico. Sin embargo, sí que se puede argumentar que las cualidades de la experiencia ofrecidas por esta y otras obras de Viola serán distintas de las que regirían las interacciones con las de otros video artistas reconocidos como Bruce Nauman o Peter Campus. Chris Townsend afirma que allá donde estos últimos llevan a cabo "una crítica de las relaciones subjetivas con el espacio y el tiempo de la instalación", en el caso de Viola nos hallamos "en un entorno con fuerza estética y [...] elementos simbólicos que tanto atraen la atención individual como contribuyen al efecto global de la obra" (2004: 125). Pensemos en la video instalación de Bruce Nauman *Performance Corridor* (1969). En ella los visitantes se asoman a estrechos –a veces intransitables– pasillos en los que ven monitores de video al fondo. Cuando se acercan a ellas, lo que verán es a ellos mismos, grabados por la espalda sin que lo supieran. La potencial experiencia estética de esta obra podría ofrecer una revelación de tipo social, e incluso político, pero difícilmente permitiría un progresivo y sostenido proceso de exploración de la relación entre lo afectivo y lo temporal como, según estoy argumentando, ofrecen algunas obras de Viola.

EL RITMO DE LA EXPERIENCIA

Una vez establecida la noción de experiencia, pasemos al concepto de ritmo desarrollado por Dewey. El filósofo norteamericano consideraba que "la primera característica del mundo circundante que hace posible la existencia de la forma artística, es el ritmo" (2008: 166) y lo definía como "variación ordenada de una manifestación de energía" (2008: 174). Es decir, desde su punto de vista, el ritmo no es repetición, sino una tensión entre orden y variación fruto de energías subyacentes. Y entre ambos aspectos el último es aún más importante que el primero: "[La variación] es un coeficiente indispensable del orden estético. Cuanto mayor es la variación, más interesante es el efecto, siempre que se mantenga el orden" (Dewey 2008: 185). No se debe, según Dewey, distinguir entre artes temporales y espaciales. Percibir una obra de arte requiere de tiempo y, por tanto, es un proceso que ocurre en el tiempo. "El ritmo –para Dewey– es un esquema universal de la existencia que está bajo toda realización del orden en el cambio, impregna todas las artes, literarias, musicales, plásticas y arquitectónicas, así como la danza" (2008: 169).

Las fuentes de los ritmos que animan la experiencia de toda obra de arte se encuentran en la naturaleza. Las migraciones de los animales y los ciclos de las cosechas, el sucederse del día y la noche, las idas y venidas de una bandada de pájaros, las cambiantes sombras de las nubes sobre una pradera. Estos y otros fenómenos similares son ejemplos de ritmos que, de acuerdo con la visión de Dewey, no sólo condicionaron la vida del hombre primitivo y sus posibilidades de supervivencia, sino que también capturaron su atención e imaginación; por ello, con el paso del tiempo, fueron aislados y encapsulados, pasando a formar parte de prácticas culturales y actividades que terminaron por originar las distintas artes.[18]

18. Dewey expone esta genealogía del ritmo en un párrafo que merece ser citado en su totalidad:

Dewey coloca el ritmo en el centro de la experiencia humana y de la producción artística y conecta ambos aspectos. Los ritmos naturales son los mimbres con los que la humanidad desarrolló los medios para explorarse a sí misma y su relación con el mundo a través de la creación del arte.

Los ritmos estrictamente naturales son, precisamente, lo primero con lo que interactúa un espectador que se adentra en *Room for St. John of the Cross*. Debido al volumen del sonido y al tamaño de la imagen, este se ve forzado a enfrentarse a la energía de lo natural. El visitante se siente atrapado en un ritmo que le desborda, tanto a nivel de sonido como de imágenes, suscitando sensaciones de indefensión e incomodidad. A medida que el espectador pase tiempo en la obra, a este ritmo se sumarán otros ritmos estéticos –en tanto en cuanto capaces de alterar el curso de la experiencia–: la recitación de la poesía, el de los objetos dispuestos en la mesa del cubículo, el del contraste entre la luz y la oscuridad, etc. Para Dewey, "todas las interacciones que afectan la estabilidad y el orden en el flujo del cambio, son ritmos" (2008: 18). Hay ritmos que a un visitante pueden llamarle la atención, pasando a formar parte de la experiencia que está teniendo, mientras que otro se fijará en aspectos totalmente distintos y su vivencia discurrirá por cauces diversos. El ritmo, como defien-

Así, tarde o temprano, la participación del hombre en los ritmos de la naturaleza, participación mucho más íntima que cualquier observación dirigida al conocimiento, lo indujo a imponer ritmo en los cambios en que no aparecía. La caña proporcionada, la cuerda tensada, la piel estirada, hacían conscientes las medidas de la acción por medio del canto y la danza. Las experiencias de la guerra, de la caza, de la siembra y la siega, de la muerte y la resurrección de la vegetación, las estrellas que se movían sobre atentos pastores, el regreso constante de la luna inconstante, se percibían para reproducirse en la pantomima, y generaban el sentido dramático de la vida. Los movimientos misteriosos de la serpiente, el alce, el jabalí, caían en ritmos que llevaban la esencia misma de las vidas de estos animales a su realización, tal como se representaba en la danza, en la piedra cincelada, en los vaciados en plata o como se pintaban en las paredes de las cuevas. Las artes formativas que modelaban las cosas vivaces estaban ligadas con los ritmos de la voz y los movimientos contenidos en el cuerpo, y por esta unión las artes técnicas ganaron la cualidad de bellas artes (2008: 167).

de Dewey y otros muchos pensadores, no tiene que ver necesariamente con repetición,[19] sino que puede entenderse como una variación ordenada de energías.

Las energías de dichos procesos rítmicos provenientes del entorno estructurarán nuestra vivencia al reclutar y acompasar algunos de los múltiples procesos rítmicos mediante los que nuestro cuerpo y nuestro cerebro –esencialmente a través del eje frecuencia cardíaca, respiración y ondas cerebrales–[20] coordinan nuestra interacción con el entorno. Dependiendo del tipo de experiencia, los ritmos relevantes y la intensidad del impacto serán diferentes. Si estamos bailando con alguien no se verán involucrados los mismos ritmos que si estamos jugando al ajedrez. En todo caso, ha de quedar claro que lo rítmico no es únicamente algo externo, sino el lenguaje común que en todo momento nos conecta con el mundo que nos circunda. Los ritmos no sólo nos mantienen vivos, sino que inevitablemente constriñen nuestra exploración de lo que nos rodea y, recíprocamente, se ven afectados por dicha interacción, condicionando cómo percibimos tanto aquello a lo que estamos prestando atención como a nosotros mismos.

¿En qué modo influyen, pues, los ritmos de *Room for St. John of the Cross* sobre los ritmos que tenemos dentro de nosotros, en nuestra conciencia y nuestro cuerpo, y qué impacto tiene esto en nuestra experiencia? Mi respuesta es que esto sucede a través de una 'ritmificación' de nuestra

---

19. En el libro *Aesthetic Rhythms* (Vara Sanchez 2023) combino filosofía y resultados empíricos provenientes de las ciencias cognitivas para desarrollar un análisis de distintos aspectos del fenómeno rítmico: repetición, forma, coordinación y energía. A tal fin, rastreo estas concepciones partiendo de la filosofía atomista presocrática hasta teorías contemporáneas como las del citado Dewey o las de, entre otros, Henri Maldiney, Susanne Langer y Henri Lefebvre.

20. En un artículo reciente, Wolfgang Klimesch (2018) defiende que las oscilaciones originadas en el cerebro y el cuerpo formar una jerarquía rítmica unitaria conforme a un ratio matemático de resonancia de un modo tal que variaciones en una de estas frecuencias producen efectos proporcionales en otros ritmos originados en otras partes del cuerpo.

propia experiencia del presente, la cual hace que este se torne más abierto, más consciente, más receptivo a nuestra exploración, en definitiva, más vivo. En el análisis de la temporalidad que lleva a cabo en su obra *La Fenomenología de la Percepción*, Maurice Merleau-Ponty argumenta que

'en' mi presente, si lo aprehendo todavía vivo [*'Dans' mon présent, si je le ressaisis encore vivant*], con todo lo que esto implica, hay un *ek-stase* hacia el futuro y hacia el pasado que revela las dimensiones del tiempo no como rivales, sino como inseparables: ser en el presente es ser por siempre y para siempre jamás (Merleau-Ponty 1945: 483).

En otro libro posterior, el filósofo francés define "el presente vivo [*présent vivant*] como la conexión del presente y el pasado de una invisible, y por lo tanto no envolvente, unidad de esta 'conciencia' [...] una especie de identidad a distancia, vertical" (Merleau-Ponty 2002: 16). Es decir, su noción del presente vivo tiene cierta profundidad, una verticalidad que permite una experiencia dialéctica de lo temporal en la que se despiertan resonancias que trascienden lo inmediatamente presente. Tal como explica Jessica Wiskus en su estudio de la filosofía de Merleau-Ponty, es precisamente "a través del ritmo" que "lo que es 'invisible' impregna al presente", ya que "el presente dimensional ofrece una especie de resonancia a través de la cual ciertos hechos se disipan y otros son sentidos como ciertos, amplificados. Es un tiempo 'ritmificado' que consigue un cierto grado de simultaneidad" (Wiskus 2013: 111).

Integrando las ideas de Dewey y de Merleau-Ponty, podríamos decir que *Room for St. John of the Cross* no sólo busca generar un ritmo en la experiencia de la obra –tal como diría Dewey–, sino que también persigue ejercer una progresiva 'ritmificación' de la propia conciencia temporal –como apunta Merleau-Ponty–. Y lo haría gracias a las dicotomías ya mencionadas (ruido y calma, blanco y negro y color, exterior e interior), así como por el énfasis de Viola por ofrecer dualidades: dos montañas, dos espacios, dos sonidos, etc. Elementos todos ellos que contribuyen decididamente a crear patrones rítmicos, pues como argumenta Wiskus:

rítmicamente, el primer gesto nunca es el primero; es el segundo el que da pie a un comienzo. El ritmo sólo puede ser instituido retroactivamente; regresa desde la segunda nota a la primera para recuperar el intervalo de silencio entre ambas [...] El ritmo promete un proceso dinámico continuado que funciona mirando tanto hacia delante como retrospectivamente (2013: 9).

Una vivencia continuada de estas oposiciones contribuiría a desbordar la conciencia, a sembrarla de ritmos, a distenderla y a permitirnos aprehender el presente vivo. Hecho este que, en palabras de Wiskus, no significa "ver el pasado como un todo del mismo modo que no puedo predecir el futuro; sin embargo, en un momento de comprensión, ambos aparecen como si hubieran estado ahí, en el presente, todo el tiempo. Una clarividencia se halla en funcionamiento" (2013: 111). Relacionado con este aspecto, Raymond Bellour defiende que *Room for St. John of the Cross*

es una de esas obras en las que las metamorfosis del tiempo que tanto le obsesionan [a Viola] es expresada en más puro estado [...] Mediante el proceso de edición intenta recuperar en forma de percepción la condición de la memoria y la condición anticipadora de las imágenes mentales, con el fin de adentrarse en el tiempo absoluto y global de la afección sensorio-conceptual (1990: 248).

Integrando los diferentes puntos de vista expuestos, puede considerarse que la obra que nos ocupa está regida por una voluntad de dilatar la construcción del presente temporal, que Viola busca hacer sentir al visitante la inagotable potencia de un presente vivo, abierto a resonar con aspectos del pasado y de un futuro hipotético. Este podría ser el ritmo que Viola busca evocar en quien visita la obra. Un remedo de la capacidad exhibida por San Juan de la Cruz para evadirse de las penalidades de su encarcelamiento y componer poemas de gran belleza. Si seguimos este razonamiento, podría considerarse que la obra funciona como una caja de resonancia de la conciencia, provocando una expansión de la misma que va más allá de la intuición del tiempo como *kairós*: ofrece l a posibilidad de habitar dicho tiempo más crónico que cronológico que sólo se intuía en *Passage* y *The Greeting*. No obstante, esta experiencia del tiempo no lineal no alcanzará la atemporalidad. La mente del espectador no se quedará flotando en la duración bergsoniana. Del mismo modo que San Juan de la Cruz no pudo desvanecerse de la celda pese a la libertad de su conciencia, sino que tuvo que tramar un plan para escaparse físicamente de su reclusión, nuestra experiencia del tiempo y de las emociones está irremediablemente anclada en nuestro cuerpo, del cual el cerebro forma parte.

EL CUERPO ESTÉTICO

El rol del cuerpo en la experiencia de las obras de Viola es una cuestión que ha surgido en varias ocasiones a lo largo de estas páginas; no es algo casual. Él mismo ha expresado su intención de "hablar a la mente a través del cuerpo" (1995: 242), dejando atrás el predominante dualismo cartesiano que concibe lo corporal y lo mental como dos substancias distintas (1995: 266). Significativamente, Viola ha argumentado que hacer arte vinculado con el cuerpo no significa mostrar imágenes de un cuerpo, "sino que las personas que vengan a experimentar la obra la reciban con su propio cuerpo" (1995: 265). Es decir, no sólo obras como *Passage, The Greeting* o *Nantes Triptych* buscan esta vía de acceso a la experiencia a través de lo corporal. También lo hace *Room for St. John of the Cross*. De hecho, se podría argumentar que en esta obra el cuerpo es aún más relevante que en las otras que hemos mencionado previamente. Aquí, el cuerpo sobre el que actúa la obra es directamente el nuestro; no hay pantallas que muestren figuras o rostros desplegando emociones; no hay representaciones que inviten a una contemplación indirecta de lo afectivo En *Room for St. John of the Cross* nos vemos impelidos a movernos, a adoptar posiciones extrañas, nos desorientamos, sentimos la paz pero también la tormenta. Esta exploración activa en primera persona comporta la posibilidad de vivir directamente el modo en el que lo corporal condiciona nuestras interacciones con el ambiente.

Hemos visto cómo Mark Hansen argumentaba que lo específico de ciertas obras de Viola –*The Greeting* o el ciclo *Passions*– reside en su capacidad de hacer que el cuerpo del espectador se transforme en el lugar en el que acontece la obra, gracias a la auto-afectación que emerge de estar cara a cara con algo que no puede ser percibido de un modo apropiado (2004a: 264). A partir de este análisis, Christine Ross añade que esas mismas obras en las que Viola recurre a la cámara lenta "transmiten las transiciones infinitesimales de las emociones, no sólo la particular transformación de una emoción en concreto sino la delgada línea que conecta pasiones opuestas como la alegría y la rabia" (2005: 37). Continúa su argumentación diciendo que

las emociones son mostradas en su complejidad. Uno podría decir que en su profunda complejidad –la imposibilidad de asignar una emoción a un estímulo o causa específico, de aprehender la precisa emergencia del desplegarse de las emociones, de separar una actividad mental de otra (afección de cognición, de atención, de memoria), de universalizar las experiencias afectivas y perceptivas– fuerzan un tipo de imagen que abre el referente, la *historia*, el contenido y la causa a una irreparable multiplicidad, contradicción, interactividad e impredecibilidad, es decir, a su singularidad para cada espectador (Ross 2004: 37).

Ross desarrolla otros argumentos, pero lo que nos importa es su defensa de que las obras de Viola, al menos en algunos aspectos, apoyan y confirman la visión de lo afectivo como un proceso de enorme complejidad. En las dos décadas que han pasado desde los textos de Hansen y Ross ha habido investigadores que, llegando a la estética desde la filosofía de la mente y las teorías de cognición enactiva [*enactive*],[21] han aplicado ideas de Dewey y Merleau-Ponty para defender que las experiencia de las obras de arte y de las prácticas artísticas deben de tomar en cuenta al cuerpo. Que el hecho de que esa influencia del cuerpo pase tantas veces desapercibida no se debe a que su efecto sea despreciable, sino a que no puede ser aislada de los procesos que tienden a ser considerados como exclusivamente mentales o racionales originados en el cerebro. En palabras de Maria Brincker, durante el proceso de contemplación de una obra de arte, "el contexto interno psicológico y neurobiológico, es decir, los estados de ánimo, las tareas que nos ocupan y los ritmos corporales, los movimientos y las emociones del espectador condicionan no sólo la experiencia perceptiva sino también el mero proceso de implicación perceptiva [*perceptual engagement*]" (2015: 131). Shaun Gallagher, por otro lado, ha desarrollado una teoría de la experiencia estética del intérprete, entendiendo con ello tanto al bailarín como al músico o al actor, en la que defiende que dicha experiencia, a diferencia de la que normalmente acontece en un espectador, implica una vivencia unificada de la obra que

---

21. El enactivismo es una rama de las ciencias cognitivas que cobró cuerpo a partir de la publicación en 1991 del libro *The Embodied Mind* escrito por Francisco Varela, Evan Thompson y Eleanor Rosch. En palabras de Ezequiel di Paolo, uno de los más representativos filósofos enactivistas de la actualidad: "el enactivismo considera a la cognición como una actividad continua moldeada por procesos auto-organizados de participación activa en el mundo y por la experiencia y auto-afección del cuerpo animado. El cuerpo vivo crea un mundo de significados en su ser y su accionar (en inglés este es el significado del verbo *to enact*) y no recibe pasivamente información neutra de un entorno a la cual luego tiene que "sumarle" un significado [...] Según el enactivismo, las propiedades de los sistemas vivientes y los sistemas cognitivos forman parte de un continuo y se influyen mutuamente." (Di Paolo 2013: 2).

se interpreta y de la conciencia de la propia corporalidad por parte del intérprete durante el despliegue de las habilidades requeridas para interpretar la obra (2021: 134).

Si aplicamos a *Room for St. John of the Cross* y de otras obras de Viola, podría argumentarse que buscan poner de relieve el modo en el que nuestro propio cuerpo afecta la emergencia de lo temporal y de lo emocional en nuestra conciencia. Y que lo hacen a través de las distintas tensiones que ejercen sobre el espectador. Pensemos en *Passage*. La cercanía con la pantalla y el entrecortado patrón del metraje van contra nuestros hábitos corporales y audiovisuales. Esto genera una incomodidad pero también una atención mayor: emoción y tiempo son desestabilizados y forzados a interactuar con la realidad desde una posición desequilibrada. En el caso de *The Greeting* se contemplan los límites entre las emociones; a través de gestos y movimientos aparentemente banales, vemos cólo los cuerpos reciben y procesan las emociones sin que sea necesario tener consciencia de dicho proceso. *Nantes Triptych* interpela nuestra propia corporalidad. Llama a una acción directa con la que aprehender una versión más auténtica de nuestra propia existencia. Y, por último, en *Room for St. John of the Cross*, como sugieren algunos testimonios que hemos visto, el impacto sobre el cuerpo y sobre sus ritmos es esencial para experimentar el sentido de la obra.

Tomando todo esto en cuenta, el mensaje que extraigo de las obras de Viola,es que estas se caracterizan por recurrir a una serie de estrategias formales con unos fines específicos –captar el intersticio del presente, el kairós del instante, lo existencial y el presente vivo– cuyo punto en común es causar un impacto afectivo que desestabilice diversos procesos de nuestra temporalidad. Una desestabilización cuyo fin último es el de mostrarnos que "como todos los seres vivos, somos esencialmente criaturas del tiempo" (Viola 1995: 278). Lo que nos diferencia, según Viola, es nuestra capacidad de explorar el tiempo, hacia el pasado y el futuro (1995: 278). Una exploración que será más rica y provechosa cuanto más nos demos cuenta de la íntima relación que existe entre lo temporal y lo emocional.

Bibliografía

AGAMBEN, G. 2010 *Ninfas*, Valencia: Pre-textos.

– 2006 *El tiempo que resta. Comentario a la Carta a los Romanos*, Madrid: Trotta.

ATKINSON, P. 2021, *Henri Bergson and visual culture: a philosophy for a new aesthetic*, Londres: Bloomsbury.

BARKER, T. S. 2012 *Connecting technology, aesthetics, and a process philosophy of time. Time and the Digital*, New Hampshire: Dartmouth College Press.

BELLOUR, R. 1990 *L'entre-images. Photo. Cinéma. Video*, París: La Différence.

BERGSON, H. 1963 *La Evolución Creadora*, México D. F.: Aguilar.

– 2002 *Key Writings*, Londres: Bloomsbury Revelations.

– 2006 *Ensayos sobre los datos inmediatos de la conciencia*, Salamanca: Ediciones Sígueme.

– 2012 *Materia y Memoria*, Buenos Aires: Editorial Cactus.

BERNARDINI, A. 2012 *Bill Viola Reflections*, Milán: Silvana Editoriale.

BIRNBAUM, D. 2005 *Chronology*, Nueva York: Lukas & Sternberg.

– 2013, "The 7 Lights", en Groom, A., *Time - Documents of Contemporary Art*, Cambridge: The MIT Press.

BLUM, S. 1969 *Early Netherlandish Triptychs*, Berkeley: University of California Press.

BRADKOWSKI, T. 2010 "Applying Dewey's Aesthetics to Video Games: An Experience of 'Rock Band'", *Soundings: An Interdisciplinary Journal*, 93(1-2): 83-93.

BRINCKER, M 2015 "The Aesthetic Stance - On the Conditions and Consequences of Becoming a Beholder", en Scarinzi, A., *Aesthetics and the Embodied Mind: Beyond Art Theory and the Cartesian Mind-Body Dichotomy*, Dordrecht: Springer.

CAMPILLO, A. 1991 *Aión, Chrónos y Kairós: La concepción del tiempo en la Grecia Clásica*, Bergara: Departamento de Historia UNED.

CHAN, P 2013 "A Time Apart", en Groom, A., *Time - Documents of Contemporary Art, Cambridge*: The MIT Press.

COLOMBETTI, G. 2014 *The Feeling Body: Affective Science Meets the Enactive Mind*, Cambridge: The MIT Press.

DAINTON, B. 2017 "Bergson on Temporal Experience and Durée Reélle", en Phillips, I., *The Routledge Handbook of Temporal Experience*, Abingdon: Routledge.

DELEUZE, G. 1987 *La imagen-tiempo: Estudios sobre cine 2*, Barcelona: Paidós.

– 2003 *Francis Bacon: Lógica de la Sensación*, Madrid: Arena Libros.

DEWEY, J. 1950 "Aesthetic Experience as a Primary Phase and as an Artistic Development", *Journal of Aesthetics and Art Criticism*, 9(1): 56-58.

– 2008 *El arte como experiencia*, Barcelona: Paidós.

DI PAOLO, E. A. 2015 "El enactivismo y la naturalización de la mente". En Chico, D. P. y Bedia, M. G., *Nueva ciencia cognitiva. Hacia una teoría integral de la mente*, Madrid: Plaza y Valdés Editores.

ELMARSAFY, Z. 2008 "Adapting Sufism to Video Art: Bill Viola and the Sacred", *Journal of Comparative Poetics*, 28: 127-149.

FOSTER, H., KRAUS, R., BOIS, Y.-A. y BUCHLOCH, B. H. D. 2006 *Arte desde 1900: Modernidad, Antimodernidad y Postmodernidad*, Madrid, Akal.

GALLAGHER, S. 2021 *Performance-Art - The Venetian Lectures*, Milán: Mimesis International.

GAYFORD, M. 2003 "The Ultimate Invisible World", *Modern Painters*, 16: 22-25.

HANSEN, M. B. N 2004a *New Philosophy for New Media*, Cambridge: The MIT Press.

– 2004b "The time of Affect, or bearing witness to life", *Critical Inquiry*, 30: 584-626.

HEARTNEY, E. 2002 *Video Installations and the Poetics of Time*, Richmond: Virginia Museum of Fine Arts.

HEIDEGGER, M. 2009 *Ser y Tiempo*, Madrid: Trotta.

HUSSERL, E. 2002 *Lecciones de fenomenología de la conciencia interna del tiempo*, Madrid: Trotta.

– 2010 *Ideas Relativas a una Fenomenología Pura y una Filosofía Fenomenológica*, México D. F.: Fondo de Cultura Económica.

– 2012 *La Idea de la Fenomenología*, Barcelona: Herder.

JACKSON, P. W. 1998 *John Dewey and the Lessons of Art*, New Haven: Yale University Press.

JACOBS, L. 2012 *Opening Doors: The Early Netherlandish Triptych Reinterpreted*, Pennsylvania: Penn State University Press.

JAMESON, F. 2003 "The End of Temporality", *Critical Inquiry*, 29(4): 695-718.

KLIMESCH, W. 2018 "The frequency architecture of brain and body oscillations: an analysis", *European Journal of Neurosciences*, 48(7): 2431-2453.

KUSPIT, D. 1987 "Bill Viola: Deconstructing Presence", en London, B., *Bill Viola: Installations and Videotapes*, Nueva York: The Museum of Modern Art.

LAKHEIT, K. 1959 *Das Triptychon als Pathosformel*, Heildeberg: Carl Winter Universitätsverlag.

LAWLOR, L. 2003 *The Challenge of Bergsonism*, Londres: Continuum.

LE BRUN, P. 1967 "T. S. Eliot and Henri Bergson", *The Review of English Studies*, 18 (71): 274-286.

MARRAMAO, G. 2008 *Kairós: Apología del tiempo oportuno*, Barcelona: Gedisa.

MARTIN, S. 2006 *Video art*, Colonia: Taschen.

MENNEKES, F. 1999 "*Nantes Triptych 1992*", en Lauter, R. *Europäische Einsichten/European Insights*, Munich: Prestel Verlag.

MERLEAU-PONTY, M. 1945 *Phénoménologie de la perception*, París: Gallimard.

– 2002 *Husserl at the Limits of Phenomenology*, Evanston: Northwestern University Press.

MURRAY, T. 2011 "Digital Baroque: Via Viola or the Passage of Theatricality", *Substance*, 31 (2): 265-279.

NEUMAIER, O. 2004 "Space, Time, Video, Viola", en Townsend, C. 2004.

PANOFSKY, E. 2006 *Estudios sobre iconología*, Madrid: Alianza Universidad.

PATOCKA, J. 2005 *Introducción a la Fenomenología*, Barcelona: Herder.

PLÁCIDO SUÁREZ, D. 2004 "El tiempo, la ciudad y la historia en la Grecia Clásica", *Revista de Dialectología y Tradiciones Populares*, 59(1): 157-172.

RIMMELE, M. 2018 "The Triptych and its Time Folds: Artistic Explorations around 1500", en Kiening, C. y Stricken M., *Temporality and mediality in late medieval and early modern culture*, Turnhout: Brepols Publishers.

RODEMEYER, L. M. 2006 *Intersubjective Temporality: It's About Time*, Dordrecht: Springer.

RODOWICK, D. N. 1997 *Gilles Deleuze's Time Machine*, Durham: Duke University Press.

ROSS, C. 2014 *The Past is the Present: It's the Future Too. The Temporal Turn in Contemporary Art*, Londres: Bloomsbury.

RUOPPA, R. 2022 "John Dewey's Philosophical Naturalism and a Pragmatist Approach to Conceptual Art", *Evental Aesthetics*, 11(1): 1-22.

SAMMARCELLI, F. 2020 "Slowness and Renewed Perception: Revisiting Douglas Gordon's 24 Hours Psycho (1993) with Don Delillo's Point Omega (2010), *Sillages critiques*, 29.

SCHMIDTKE, C. R. 1987 "Bergson and a Pulsational-Wave Model of Tempo-rality: A Way to Disentangle Theories in Gerontology", en Papanicolau, A. C., *Bergson and Modern Thought: Towards a Unified Science*, Londres: Harwood Academic Publishers.

SERNA ARANGO, J. 2009 *Somos tiempo: Crítica a la simplificación del tiempo en Occidente*, Barcelona: Anthropos Editorial.

SMITH, T 2012 *¿Qué es el arte contemporáneo?*, Buenos Aires: Siglo Veintiuno Editores.

SOSSAI, M. R. 2012 "Reflections beyond the threshold of the visible", en Bernardini, A.

STERN, D. 1985 *The Interpersonal World of the Infant: A View from Psychoanalysis and Developmental Psychology*, Nueva York: Basic Books.

TAUNTON, M. 2016 "Modernism, Time and Consciousness: the Influence of Henri Bergson and Marcel Proust", *The British Library*.

TOWNSEND, C. 2004 *The Art of Bill Viola*, Londres: Thames & Hudson.

– 2004 "In My Secret Life - Self, Space and World in *Room for St. John of the Cross*, 1983", en Townsend, C.

VARA SÁNCHEZ, C. 2015a "Bill Viola's *Nantes Triptych*: Unearthing the sources of its condensed temporality", *Aniki: Portuguese Journal of the Moving Image*, 2 (1): 35-48.

– 2015b "Is there God at the End of '*Room for St. John of the Cross*'?", en Murray, S., *God and Popular Culture* Vol. 2, Santa Bárbara: ABC-CLIO.

– 2016 'A cada momento un mundo nace y muere': elementos de la temporalidad en las video instalaciones de Bill Viola, con una coda de neurociencias, Tesis doctoral Universitat Pompeu Fabra.

– 2023 *Aesthetic Rhythms*, Milán: Aesthetica Edizioni.

VARELA, F. J. 2000 *El Fenómeno de la Vida*, Santiago de Chile: Dolmen Ediciones.

VARELA, F. J. y DEPRAZ, N. 2005 "The source of time: Valence and the constitutional dynamics of affect", *Journal of Consciousness Studies*, 12(8): 61-81.

VARELA, F. J., THOMPSON, E. y ROSCH, E. 1991 *The embodied mind: Cognitive science and human Experience*, Cambridge: MIT Press.

VIOLA, B 1995 *Reasons for Knocking at an Empty House Writings 1973-1994*, Londres: Thames & Hudson.

WAINWRIGHT, J. 2004 "Telling Times: Revisiting *The Greeting*", en Townsend, C.

WALSH, J. 2003 "Emotions in extreme time: Bill Viola's passion project", en *Bill Viola: The Passions*, Los Ángeles: The J. Paul Getty Museum.

WEINRICH, H. 2008 *On Borrowed Time: The Art and Economy of Living with Deadlines*, Chicago: University of Chicago Press.

WISKUS, J. 2013 *The Rhythm of Thought - Art, Literature, and Music after Merleau-Ponty*, Chicago: The University of Chicago Press.

WORMS, F. 2005 Time Thinking: Bergson's Double Philosophy of Mind, *Comparative Literature Issue*, 120 (5): 1226-1234.

YOON, J. 2010 *Spirituality in Contemporary Art: The Idea of the Numinous*, Londres: Zidane Press.

Piet Mondrian
Música y pintura

Luigi Russolo
El arte de los ruidos

François Rastier
La creación artística: la imagen, el lenguaje y lo virtual

Nathalie Heinich
El paradigma del arte contemporáneo

Mario Perniola
El arte expandido

Antonio Molinero
Escenas extrañas en la mina de plata

R.B. Collingwood
El arte y la imaginación

Ricardo Iglesias
Arte y robótica

Teresa Aguilar García
Cuerpos sin límites

Paul Virilio y Enrico Baj
Discurso sobre el horror en el arte

Renato Barilli
Lo posmoderno, pasado y presente

Tomas Kulka
El kitsch

Anna Adell
Atrapados por Saturno

www.casimirolibros.es